戦略思考を磨くゲーム
理論トレーニング

博弈论

如何让获胜概率最大化

[日] 逢泽明◎著
雷隽博◎译

U0964764

古吴轩出版社

图书在版编目（CIP）数据

博弈论 /（日）逢泽明著 ；雷隽博译. -- 苏州 ：
古吴轩出版社，2022.3
ISBN 978-7-5546-1900-1

Ⅰ. ①博… Ⅱ. ①逢… ②雷… Ⅲ. ①博弈论－应用
－经济 Ⅳ. ①F224.32

中国版本图书馆CIP数据核字（2022）第C04337号

SENRYAKU SHIKOU WO MIGAKU GAME RIRON TRAINING
©Akira Aizawa2015
All rights reserved.
Originally published in Japan by KANKI PUBLISHING INC.,
Chinese (in Simplified characters only) translation rights arranged with
KANKI PUBLISHING INC.,through Beijing TongZhou culture Co. Ltd.
Simplified Chinese edition published by Beijing Bamboo Stone Culture Communication Co.,Ltd.

责任编辑：顾　熙
见习编辑：羊丹萍
策　　划：杨莹莹
装帧设计：末末美书

书　　名：博弈论
著　　者：[日]逢泽明
译　　者：雷隽博
出版发行：古吴轩出版社
地址：苏州市八达街118号苏州新闻大厦30F　　邮编：215123
电话：0512-65233679　　传真：0512-65220750
出 版 人：尹剑峰
印　　刷：天宇万达印刷有限公司
开　　本：880×1230　1/32
印　　张：6.5
字　　数：118千字
版　　次：2022年3月第1版　第1次印刷
书　　号：ISBN 978-7-5546-1900-1
著作权合同登记号：图字10-2021-619号
定　　价：42.00元

如有印装质量问题，请与印刷厂联系。0318-5302229

前言

PREFACE

人生在世，总会遇到各种情况，比如与人交流、商业竞争、法律诉讼等。这些皆可看作某种意义上的“博弈”。

既是博弈，就一定会有对手。要胜过对手，就不能单纯计较得失，而需要跟对方进行头脑交锋、利益相争。

而对这种“头脑交锋、利益相争”进行研究的学说，即是博弈论。

博弈论是行为科学的一种，是通过现代化的方式，对兵法中属于头脑交锋的部分予以解读的科学。

如果阅读本书后，你能将自己的思维方式转换为竞争思维，那么你就能自然而然地掌握战略思考能力。然后在博弈中获胜，不会输给对手。这并非夸大其词。

博弈论体系的创始人是数学家约翰·冯·诺伊曼，他因为计算机提供基础性方案而名垂青史。由此可见，博弈论的体系极具逻辑性。

然而，博弈论这门科学还有另一个特征——利益最大化。正因如此，博弈论主要是作为经济学分支而发展的。

近年来，有几位博弈论研究者获得了诺贝尔经济学奖。博弈论的学术范围也逐渐扩大，其影响范围甚至能延伸至生物学领域——据说还有一位生物学家应用博弈论，获得了奖金5000万日元的京都奖。当然，博弈论在政治学、计算机领域也被广泛应用。

博弈论在诸多日常生活场景中都能派上用场。

比如，对处于如下场景中的人们而言，使用博弈论的效果或可谓立竿见影。

·想要学习能够在商业竞争或法律诉讼中，推动形势朝着利于己方方向发展的战术；

·想要学习说服对方的逻辑与策略，提升自身辩论能力；

· 想要拉近邻里关系、推动商业谈判顺利进行；

· 想要顺利促成企业合作；

· 想要成为在运动或电子游戏界的大佬；

· 想要提高自己说服他人的本领，让自己给出的建议更有说服力；

· 想要从人生哲学的角度，对人生、人性进行思考。

本书重视实践，因而不用复杂的数学公式进行说明，而多采取**理论联系实际**的方法。

为了能够让各位读者在不使用数学公式的条件下熟练掌握博弈论的最新成果，本书进行了诸多尝试与钻研。你只需在上下班、上下学时抽出时间阅读本书，就能成为博弈大师。

为此，本书设置了如下内容：

在序章部分，在进入博弈论的讲解说明之前，本书会将你的思维方式转换为竞争思维。只要转动脑筋，就能更切实体会到在博弈中胜出的心情。

第一章将教会你**预判**。若无预判之能，在博弈中便难以胜出，因此预判是极其重要的能力。

第二章介绍了为了少败多胜，请用“最小最大策略”进行思考——这正是博弈论的精华所在。

第三章将教你如何使用最小最大原理进行盈利型投资。请掌握尽力不败，最终胜出的方法。

第四章将介绍囚徒困境，希望你在这一章中能够了解到，在身处二律背反、左右为难的困境中时，该如何做出决断。

第五章介绍了采取何种考虑、何种手段，如何改变博弈规则才能打开局面。

第六章讲述了如何打破均衡点。使用博弈论思考时，一定程度上能预测到自己输赢可能各有几成，于是就会产生“均衡点”的概念。本章将对打破此类均衡点的思考方式加以介绍。

第七章将介绍，身处逆境时将形势逆转所须知的知识策略。

第八章介绍少数服从多数的投票博弈。

第九章介绍市场参战博弈。

最后，在第十章思考了博弈的道德规范。

博弈策略与人们的常识虽多有相悖之处，但本书作为轻松有趣的头脑训练，希望各位读者能像解决逻辑题集一般，在解题过程中感到开心。

同时，也希望读者们能通过阅读本书，掌握战略思考能力，磨炼自己的头脑，使自己更上一层楼。

本书采取小测试形式，内容看似简单，实则威力巨大。

笔者可以骄傲地说，本书是所有实用博弈论讲解书中最好的一本。

逢泽明

于京都 · 下鸭

目录

CONTENTS

序　章

让你的思维方式转化为竞争思维

第一章

若要在博弈中取胜，就要预判

第二章

使用最小最大策略可减少失败的损失

第三章

使用最小最大策略，在投资中获利

第四章

通过一报还一报，摆脱囚徒困境

第五章

为了打开局面，要改变规则

第六章

了解平衡，打破平衡

第七章

逆转局势所需的智计

第八章

通过投票，逆转商业局势

第九章

加入市场，争夺市场份额

第十章

博弈道德

序章

让你的思维方式转化为竞争思维

博弈论与兵法类似。即是说，博弈论是能让人在与对方战斗（博弈）时获胜的理论/方法。也可以说，博弈论是具有逻辑的兵法。在学习让人能在博弈中取胜的博弈论之前，请各位读者先将思维方式转换为竞争思维。若一直想着强者取胜，那么你在本应该获胜的博弈中也会惨败。

首先，请你明白，为了获胜而动脑究竟是怎么一回事。

1

转变思维方式，使头脑适应竞争——通过博弈论，让自己善于谋略

博弈论专著大多晦涩难懂，即便是博弈论的初级入门书，对博弈论的理论基础也鲜有提及，因而博弈论的相关书籍读起来总是让人觉得一头雾水或“假大空”。

本书讲解博弈论，并不是为了提高读者的杂学素养，而是希望将读者培养成为现实生活中的“常胜将军”“策略达人”。

因此，本书将尽可能从实际应用角度，对博弈论进行讲解。

如此一来，读者思考时，便应将重点放在**如何将博弈论联系实际**上才行。

本书将从“如何驱动人脑以获得胜利”入手，为大家剖析

博弈论。请大家回首战国时代[①]——毕竟，将战国时代的兵法用作头脑博弈的参考书，实在再合适不过了。

首先，请阅读下方的问题0—1，并给出自己的回答。本书中共有60个类似问题，请务必在自行思考之后再阅读答案解析。如果只阅读、不思考，本书的效果便会减半。

问题0–1 是战？是逃？

织田信长是日本战国时代夺得天下之人，然而他却曾在年轻时被人称为“尾张大傻瓜”。织田信长在与今川义元一战后首次扬名天下。当时双方兵力差距极大——织田军2000余人，今川军40000余人（也有说法称今川军25000余人），织田军处于绝对劣势。

假设你是织田信长。

部下前来报告：“信长大人，今川军来袭！”

“我已知晓。”你说。

“敢问大人，我们是迎战，还是逃跑？”

① 战国时代：日本室町后期封建领主间连年争战的时代。始于应仁之乱（1467年），终于室町幕府灭亡（1573年）。——译者注

你将会作何回答呢?

请将此问当作“我是否适合研究博弈论”的探路石。若你不做任何考虑，抑或是只根据史实选择“迎战”，便不能说是适合研究博弈论了。

若你考虑的是如何大败40000今川军，或者你极想知道如何才能大败40000今川军的话，那么你便是适合研究博弈论之人。

博弈论是行动科学，因而以亲身参与的态度挑战本书中的问题才是重中之重。

▶ 将问题拆解，发现各种可能

请不要被“2000对40000，这场仗太难打了”这一点夺走注意力。就算是博弈论也没法一劳永逸地解决战争的难题。

头脑博弈的第一步：将问题拆解。

也就是说，将复杂的大难题拆解成相对容易的一个个小问题，再将这些小问题逐一解决。

此时便不要想着以二分法思维解决问题了。问题的答案该是多种多样的。

譬如针对上述问题：

· 迎战

· 逃跑

· 固守

· 与今川军谈判

· 去别处求援

· 暂且先拖延时间

· 对部下的问题不作回答

以上这些皆可作为该问题的答案。

因此，如何让回答**囊括各种可能**颇为重要。若你能以该种方式思考，你的回答便是正确的。

要拆解问题，要发现各种可能——若要了解博弈论，这些是基础中的基础。只有常常这样锻炼自己，你才能在头脑博弈中胜人一筹。

2

竞争中的常规手段——学到便会变强的理论

竞争中所需的，无非是数量，或是时运——许多人都这般说。依他们所言，这世上并无必胜法，毕竟若是有那种方法的话，大家早就用了。

对抱有这种想法的人来说，博弈论或许无非是骗人的玩意儿。

然而，针对各种竞争，自古以来确有理论传世。学习博弈论之人，也的确会比没有博弈论基础之人更善于与人相争。

问题0-2 信长究竟怎么做的呢?

接着上一题。

“敢问信长大人，我们是迎战，还是逃跑？”

“……”

你觉得信长会怎么做呢?

信长什么都没有回答。他既没有回答说迎战，也没有回答说逃跑。不要在心里感叹“敌人都要攻进来了，信长还不动如山，真是怪人”，信长的所作所为，正是战争中的常规战法。

不做回答的原因很简单，主要原因可分为以下两个。

博弈中既有对手，也有队友。进行博弈时，**看清队友的态度**极为重要。信长是在观察自己部下是否有追随他的决心。这是第一个原因。

第二个原因相对更重要。队友里或许有敌方间谍混迹其中——考虑到这一点，你就会明白信长的用意了。他假作无心作战，借由间谍将之传回敌方，以期敌方放松警惕。因此，他所求的是**欺骗敌人**的效果。

接下来，请再解一题吧。

问题0-3　是白天，还是夜晚？

信长没有回答，暗地探寻此战胜机。当然，他已下定决心与今川军一战。

但是信长会选择哪个时机进攻呢？

①能够看清敌方动作的白天。

②能够隐蔽我方行动的夜晚。

答案是②，信长选择在夜晚进攻。也有别的说法，说信长选择在白天大雨雨停之时进攻。但总之，信长的做法是**出其不意，攻其不备**。

电影里描述的战争大多发生在白日里，但那不过是为了方便电影拍摄而已。

夜晚不好打仗——这不过是那些对行军布阵不甚了解的外行人的臆测。

大部分的军事专家都预测，战争的第一枪将在黎明前打响。

从信长的角度去看，他与敌军的兵力差距极其悬殊。唯有奇袭，才能使敌方难以迎战，从而使己方获得胜机。何况，要想以弱胜强，奇袭实在是再常用不过的手段了。

▶ 要在博弈中取胜，则必须知道制胜之法

常规战法和战争门外汉们所想的战法完全不同。常规战法指的是依照定式进行的作战。《孙子兵法》中，对这些常规战法多有记述：

攻其无备，出其不意。

凡战者，以正合，以奇胜。

攻而必取者，攻其所不守也。

你是否已经了解，博弈也有制胜之法了呢？若你不对这些道理逻辑加以强化，则难以在现实的博弈中取胜。再有，若你要强化这些道理逻辑，则须了解这些理论过往的实操案例。

即是说，你需要了解某些在特定情况下的常规做法。

要掌握这些知识，日日读书看报、增长见闻、不懈努力或许才是最好的途径。

3

以弱胜强——制定不惧对方人力、物力规模的作战策略

以弱胜强——学习了博弈论后，这个关键词尤其富有魅力。或许有人会觉得以弱胜强几乎是将不可能化为可能。但正如柔道的以柔克刚，以弱胜强实际上也是可行的。

比如，IBM公司曾是高高在上的互联网巨头，在近年来它却变得有些不起眼了。尤其是在个人电脑业务方面，IBM可谓是屡战屡败。最初，搭载了微软OS系统的IBM电脑是业界标杆。然而进入21世纪后，2001年IBM电脑的世界市场占有率仅有6.2%，世界排名第四位。在那之后，IBM逐渐从个人电脑业务中退出。

类似事件仍在发生。美国钢铁公司（U.S.Steel）曾经是世界上最大的钢铁制造公司，如今它已败于日本的钢铁制造公司，再不复往日荣光。

而日本的钢铁制造公司如今也正与韩国、中国等亚洲公司

激烈竞争，若不制定相应的战略，或许会重蹈美国钢铁公司的覆辙。

▶ 通过技术创新，反转力量关系

风险企业并非只能在成熟市场才能战胜大企业。对技术创新要求极高的市场，同样是对风险企业而言极其有利的主战场。

比如，假设风险企业使用生物或纳米技术开发了新的工艺制造法。若它们手中还同时握有强大的专利权，则它们生产商品的成本甚至会不到大公司的1/10。此时，大公司便会毫无翻身之力。

在这个背景下，如果大企业依旧想在竞争中获胜，那么它们还有一招，叫“收购”。这是苹果、谷歌等公司的常用手段。

在IT界，**摩尔定律**长期成立。根据该定律，每过18个月，计算机的性能便会提升一倍。那么，计算机的性能将会以3年翻4倍（2×2）、6年翻16倍（2×2×2×2）的速度进行提升。大致上可以当作计算机性能每5年提升10倍吧。

问题0-4 现在的5亿日元与5年前的100亿日元

大企业A公司，在5年前花100亿日元购入了计算机相关设备。为了与之对抗，新兴的B公司筹措了10亿日元的风险基金，同样购入了计算机相关设备。

那么，双方孰胜孰败？

这场竞争恐怕会以B公司的压倒性胜利收场。根据摩尔定律，B公司购入的10亿日元的设备，和A公司在5年前花100亿日元购买的设备性能基本相同。就是说，B公司以1/10的价格，购买了和A公司同等性能的设备。因此，很明显，B公司的竞争力远高于A公司。

因此，在IT界，大公司**在5年内，设备支出回本100%，并盈利120%**的工作计划必须完成。若计划完不成，便会面临被新兴企业击垮的危险。

在IT这种竞争激烈的行业，若一个公司制订了相对宽松的资本回收计划，那么在它的设备支出尚未回本之时，便会给新兴企业留下成长空间，最后使自己陷入困境。

▶ 使国际项目组败走的风险公司

总谈大企业失败的事，着实让人有些过意不去，因此我们来谈谈被风险企业抢占了先机的国际项目组吧。下面要说的就是关于技术创新力量究竟有多重要的实例。

20世纪90年代，多国联合组织了关于解读人类基因组的合作研究项目。那时，一家名为塞雷拉基因组（Celera Genomics）的公司，迅速完成了对人类基因组的解读。

塞雷拉公司成立于1998年5月，然而它却在2000年4月，比国际联合研究组更早宣布“基本解读了人类基因组”。

这正是摩尔法则应用到现实中的例子。基因组解析机简单来说就是一台计算机。计算机的性能5年会提升10倍，10年会提升100倍。然而，由各国研究者组成的国际联合研究组并非公司，因此其工作规划较为宽松。该研究组在20世纪90年代启动项目，投入设备，计划在十几年间解读人类基因组。

塞雷拉公司注意到了这一点。它拿到了比10年前的机器性能要好100倍的机器。因此，哪怕塞雷拉公司在设备投入上所花的不过是国际联合研究组的1/10，它也有可能更快地解读人类基因组。

该战术非常容易理解。事实上，塞雷拉公司也的确仅凭自己一家公司之力便取得了足以匹敌国际联合研究组的成果。

在2001年，解读人类基因组要花95亿日元，然而在2012年仅需66万日元。经过11年，解读人类基因组所需资金竟下降到了原来的1/10000。

在超尖端领域，摩尔法则这一令人惊讶的经验法则甚至取得了更进一步的发展。类似的事在各个领域皆有发生。胜利女神只会对那些已经觉察这一切的、有冲劲的博弈者露出微笑。

4

博弈论的体系是怎样的——定理与关键词

读到这里，你想必也对本书的写作风格有了一定程度的了解。本书章节较短，并设有简单的练习题以助理解。

本书中的练习立足实践，对制胜法的讲解深入浅出。

总言之，本书是一本让大家“读懂了就能赢”的书。

另，由于本书讲解通俗易懂，因而与其他讲解博弈论的书籍相比，本书会更好读些。

我们从下一章开始学习博弈论。本节将先对博弈论的整体体系、博弈论的关键词等做一个简单的讲解。这些都是你接下来阅读本书所需的预备知识。

▶ 博弈论的基本定理

博弈论广义上是决策科学的一种——这是一种比起武力，更追求用智慧战胜对方的科学。它甚至被称作“穷人的最终武器”，威力巨大。

本书正是立足于该认识而编写的。

决策并非单纯回答“是”或“否”，也包含用“是”或“否”回答不了的情况——它是一种通过概率进行思考的方法。接下来首先介绍的重要理论“博弈论的基本定理”便以此为研究对象。

接着，随着博弈论的进步，博弈论不再仅仅重视与对手竞争，也开始逐渐重视更为实用的策略，譬如博弈双方有时也需进行的合作、谈判等。

“欲获利，先受损”之类的谚语，教导博弈者在实际应用中何时使用、如何使用的策略，此时逐渐得以充实。

该部分笔者将尽可能详细描述，因为它涉及大家或许会觉得难以理解的数学体系。损失与获利一般是通过数字来表示的，但学者们为了该理论在现实生活中能被广泛运用，采取了将理论抽象化的方法。

接下来出现的用语“零和”便是该部分理论的典型用语。经济学家尤其喜欢这种由数字表示损失、获利的表述方式。因此，博弈论打破了学科壁垒，被各种人群普遍接受，成了**文科生也能理解的数学理论**的代表。

博弈论看似与数学题类似，但它实际上也有容易理解的一面。

问题0-5 博弈论的基本定理

请思考一下，你耳熟能详的某个游戏中的常规战术。本题希望你回答的，是一个非常简单的游戏的常规战术。

接下来，请回答猜拳游戏里最常用的战术。

让石头、剪刀、布出现的概率都为1/3，其实这就是最重要的战术了。假设你在猜拳时不常出石头，由于你总是出剪刀或是布，所以只要对方一直出剪刀，就能或平局或获胜，也就是说，你会一直输。

为了避免类似局面出现，就要在猜拳时让石头、剪刀、布出现的概率相同，而这正是通过博弈论基本定理这个重要理论得到的结论。关于这一点，笔者在后面的章节会再详细说明。

其他的书在讲解定理时，总会将讲解部分写得很难让人理解。其实，将定理放在猜拳里，让读者从自身经验出发的话，定理便会很好理解。

另外，一般人在猜拳时会习惯按照“石头、剪刀、布”的顺序来出。对方如果这一轮出了石头，下一轮就可能出剪刀。

那么我下一轮出石头就可能胜出。换言之，这是“在下一轮的游戏中，重复对手上一轮出过的手势”的战术。

另外，笔者在此处要提前透露些接下来的内容——在那个有名的囚徒困境中，同样提及了模仿对方背叛己方的“以其人之道还治其人之身”战术。

▶ 博弈者不同，博弈风格亦不同

问题0-6 合作、非合作、谈判

若要将博弈的战法细致拆分，则需要对博弈者的行事作风有所了解。你是哪一种性格的人呢?

①若杜鹃不啼，杀之不足惜（织田信长）。

②若杜鹃不啼，诱之自然啼（丰臣秀吉）。

③若杜鹃不啼，待之莫须急（德川家康）。

本题无须特意作答，随意选择即可。博弈论中多见**合作博弈**与**非合作博弈**。

在杜鹃不啼这件事上，家康持合作态度；信长则是彻底的非合作态度；而秀吉的做法则既有“令其啼”的非合作一面，也有谈判一面。

合作、非合作、谈判是博弈论中的重要概念。

请记住这三个概念，本书在之后的章节中也会提及。

▶ 零和与非零和

博弈论中，“零和”一词十分常见。

何为零和？在此，笔者为大家稍作讲解。

问题0-7　零和

假设在某个完全饱和的市场中，市场整体不会扩大，亦不会缩小。

在这种背景下，如果你的风险企业的营业额上升了，那么其他企业的营业额会上升还是会下降？

会下降。因为在这样的市场中，两个公司的营业额相加的总和是不变的。若你的公司营业额上升，其他公司的营业额必然会相应下降。

这个问题设定太过极端——在这个问题的背景下，在一个完全饱和的市场中，若有新企业加入，大公司便会战战兢兢。但事实上完全饱和的市场在现实中并不存在，而且现实中的经济问题比这个复杂得多。

但是，猜拳也好，体育比赛也罢，总会有一方胜一方败。这就是零和。

而这种一方的胜利必然导致另一方的失败的博弈，就被称作“零和博弈”。曾经有一本畅销书叫《零和社会》（莱斯特·瑟罗著），它发行于1980年，恰好是日本经济高度成长期结束之时。

当经济增长停滞，大家便开始争夺现存的利益大饼，商业竞争也会更加激烈——这本书讲的就是这些。（利益大饼指的是市场份额，使用了将饼状图比作大饼的比喻手法。）

“零和”是博弈论的术语，意味着相加为零，正负相消。

目前，经济低增长的日本几乎是个零和社会。在这种背景下，博弈论的重要性不言而喻。

第一章 若要在博弈中取胜，就要预判

若要在博弈中胜出，就必须学会预判。预判是非常重要的能力。预判就是预测对方接下来会采取怎样的行动，并以此为依据，制定自己接下来的行动方针。预判听起来似乎很困难，但总的来说，就是要三思而后行。

而博弈论则会告诉我们，如何才能顺利做出合理的预判。

1

要战胜对手，首先要做什么？站在对方立场上进行预判

既是博弈，则必有对手。博弈是不能一个人完成的。因此，在博弈中，站在对方立场上思考尤其重要。

若想在社会中生存下去，学会站在对方立场上思考是基础。正因这种思考方法极其重要，博弈论才会被称作是“凯恩斯经济学之后最重要的经济学成就”。

▶ 要在博弈中取胜，学会预判是基础

若想在博弈中胜出，不只要考虑自己要如何做，考虑对方将会如何行动同样极其重要。预判的大前提是**对方也竭尽全力**。对方与你一样，都在竭力让局势朝着对自己有利的方向发展。谁都不会想让局势朝对对手有利的方向发展的。

那么我们开始做练习题吧。

问题1-1 预判的基本问题

这个问题十分简单，它是个关于如何拿到钱的游戏。

假设你是A，对方是B。游戏规则很简单，首先要由你来说“是”或“否”。请看下图。

如果你说“是”，那么你们二人可以各获得1万日元，游戏结束。如果你说“否”，B说“是”，那么只有B能获得3万日元。但若你与B都说了“否”，那么你们二人可以各获得2万日元。但是你与B不可以相互配合，你们二人都需要做利己者。

那么，你会说“是”还是“否”呢？

你应该选择说“是”。虽然这个问题很简单，但如果不看图，或许你会觉得摸不着头脑。请你一边看图，一边阅读题目解析。

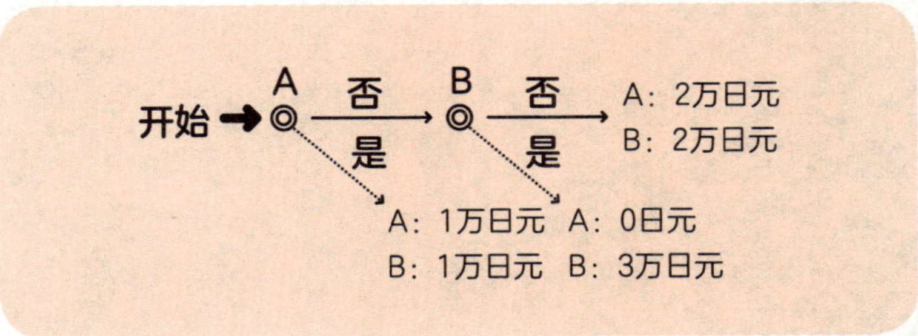

如果你说“否”，B也说“否”，那么你能拿到2万日元。对你来说这是最有利的局面。

接着，请站在B的立场上思考。在你说“否”的时候，B是否也会说“否”呢？对B而言，说“是”的话能拿到3万日元，说“否”的话则能拿到2万日元。因此，B一定会说“是”。

所以，若你说“否”，就什么钱也拿不到了。因此对你而言，一开始就说“是”，并拿到1万日元，才是最有利的选择。

如上，预判是博弈论的基础。对你而言最有利的局面，对竞争对手而言或许反而是一种阻碍，因此利益最大化是无法实现的。拿到可实现的最大利益，才是行动的基准。

2

要战胜对手，则应如何看待对方？理性地、利己地看待对方

博弈论的大前提是有对手。博弈者不可能唱独角戏，因此博弈者必须重视博弈的社会性。

同时，博弈者要意识到，博弈是和理性、聪明的人进行斗争。这个前提极其重要，你在博弈中必须绞尽脑汁，竭尽全力。

另外一个重要前提便是利己。

利己意味着**仅仅追求己方的利益**。当然，在某些博弈中，你也有可能会给对方提供利益。

只是，给对方提供利益的前提，仅仅是这样做能**让己方得到的利益增加**。

博弈论虽然因其彻底的、理性的、利己的假设方式而饱受批判，但实际上，依照该理论彻底的、理性的、利己的假设行

事后，人们会发现结果有时也对他人有利。这也是博弈论的有趣之处。

也就是说，博弈论所理解的“人”并非单纯的利益主义者，而是理性而有爱心的人。

▶ 要战胜对方，需要预测对方接下来的多步动作

预判并不一定只是预测对方下一步的动作，还可以预测对方接下来的多步动作。围棋、将棋、国际象棋的大师都会预测对方接下来的多步动作。

在对对方的多步动作进行预测时，请务必注意，对方也在进行合乎逻辑的考虑。请不要忘记，对方也在做预判。

接下来，我们来做一道从问题1—1变形而来的练习题吧。

问题1-2 预测对方接下来的多步动作

我们将刚刚的游戏变形一下。这次如果B说了“否”，再由你来选择“是”或“否”。

如果你最后说了“是”，那么你和B各得2万日元。

如果你最后说了“否”，那么你得到3万日元，B得到1万日元。

那么，你能得到多少钱呢？你与B依旧不会相互配合。

你的最佳选择依旧是在最开始就说“是”，并拿到1万日元。按照下面图示，我们从最后一步往前逆推。在最后一步，为了使自己的获利最大化，拿到3万日元，你会说“否”。

但这时B只能拿到1万日元。因此B为了使自己的获利最大化，他在第二步的时候一定会说“是”，拿到3万日元。

那样一来你就拿不到钱了。比起拿不到钱，你在最开始就应该说“是”，拿到1万日元。

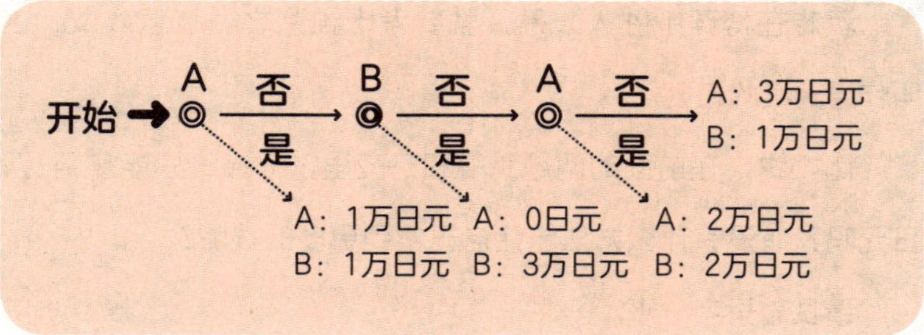

博弈论的大前提就是，理性地、利己地思考，以求自己与对方都能获得利益。博弈双方都是聪明人，因此，若不能站在对方角度思考，便难以在博弈中胜人一等。

3

颠覆预判的结果——使用多种手段，让自己处于有利地位

若预判的结果对己方不利，那么将这个结果颠覆，才更像是博弈论该解决的事。毕竟预判不过是基础中的基础。

若想在博弈中胜人一筹，就要考虑预判之后该怎么做。这叫作**更高级的预判**。

比如说，在前面的问题1—1和1—2里，你最终只能拿到1万日元吗？有没有什么方法能让自己拿到更多的钱呢？

请试着思考一下。

问题1-3 与对手合作

我们使用和问题1—1同样的图进行思考。在这个游戏里，每人有一次说“是”或“否”的机会。然而在游戏前，你心生一计，对B进行如下提议：

“我们合作吧。”

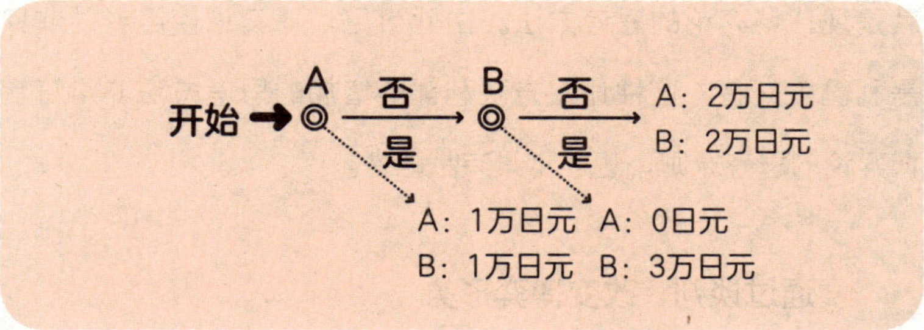

问题1—1的结果是，在二人不合作的情况下，二人各得1万日元。但如果二人合作的话，你先说“否”，接着B也说“否”，那么你们二人就会各得2万日元。

然而，你忽然开始担心：

“B不会变卦吧？”

如果B变卦了，在你说完“否”的时候他说了“是”，他就能得到3万日元，而你则一无所得，那你就吃了大亏。你该怎么做呢？

如果B变卦了，他就能拿到3万日元；若不变卦，就能拿到2万日元。为了不让B变卦，你可以针对变卦提前制定相应的惩罚措施。所以，让B如果变卦便只能拿到2万日元以下的钱就可以了。

如上，通过约定合作和惩罚，可以让博弈者获利增加，这就是现代博弈论的思考方法。由此可见，博弈论使用者并非只是利己主义者。这种让双方获利都能增加的思考方法非常符合博弈论的思考原则，也非常具有战略性。

▶ 通过谈判，改变博弈形势

绞尽脑汁想要增加利益的并非只有你，对方也是一样的。哪怕你给出关于合作和惩罚的提议，对方也会通过预判，提议与你进行谈判，以求获得更大利益。

问题1-4 与对方谈判

你提出合作，然而B却另有想法。

“若我与A谈判，是否能获得更多利益呢？”

通过谈判，B能得到多少钱呢？

通过谈判，B能得到近3万日元。B会这样想：如果按照A的提议合作的话，两个人一共能拿到4万日元。

但是如果没有B的帮助，那么不管A怎么努力，最多也只能拿到1万日元。所以只要A能得到B的帮助，即便最后A从4万日元里分得的钱不足2万日元，但只要比1万日元多，哪怕是10001日元，A都是赚了的。

所以，面对A关于合作的提议，B会尽可能让自己得到的钱接近3万日元。

▶ 博弈论亦可用于威胁他人

谈判的结果会因双方谈判能力高低而有所变化，因此双方得到的金额各有不同。实际上我们也曾进行过多次实验，结果发现游戏以每人2万日元结束的例子居多。可见大家都很重视公平原则。

但是，如果B足够软弱的话，你也并非不能拿到高于2万日元的钱。你可以威胁他说："如果你不给我钱，我就在最开始说'是'。"

在威胁他人时，博弈理论也能派上用场。

另外，正因为你要与对方谈判，所以你一定要抱有"比起什么都不做，努力争取一下比较好"的想法。

学习过那些获得过诺贝尔经济学奖的人的理论后，你难免更会有如此想法。但如果你太过贪心，想把所有利益都占全，那么博弈论也帮不了你。

还有另一件重要的事请你牢记。

虽说博弈论是数学的一个分支，但它**并非只有一个正确答案**。在博弈论的领域，答案或许会有多个。

也就是说，博弈论是重视**多样性**的科学。

至今为止，在自然科学领域内，正确答案有且仅有一个是理所当然的。但是，作为一门新的科学，博弈论还在持续发展。

总而言之，博弈论是一门要求己方与对方时而合作，时而谈判的科学。

正因为有对手存在，在博弈中与之对战时，你才必须三思而后行。

4

如何预判？充分考虑事物的合理性

世上有不少通过预判化解危机的事。先来做一道智力题吧。

问题1-5 如何不被套在1万日元的拍卖里

有一张1万日元的纸币被拍卖。它的价值当然正好是1万日元。叫价最高的人支付相应金额就能把它买到手。但是叫价第二高的人要受到惩罚，他不只要把叫的价付了，还拿不到东西。

如果你参加这场拍卖，会采取何种行动？

若你预判了这场拍卖的结果，那么你就能很快知道该怎么做。正确答案是“不参加拍卖”。为什么不参加呢？只要你反过来算一下这张纸币会以多少钱被拍走就明白了。

你觉得它会以怎样的价格被拍走呢？5000日元左右吗？

不不不，绝非如此。假设你和某人竞拍，出价到了5000日元，你能以这个价格将它拍走吗？如果竞拍到此结束，那么与你竞拍的人叫价多少，他就会白白损失多少。因为“叫价第二高的人要受到惩罚，他不只要把叫的价付了，还拿不到东西”。

所以对方会继续叫价，想要胜过你。那么你也不得不叫更高的价。因此，你无法以5000日元的价格将它拍下。

那么它会以近1万日元的价格被拍下吗？也不会。

假设加价幅度为100日元，你叫价9900日元，对方是9800日元。对方会在这里放弃吗？不会的，比起白白损失9800日元，对方会更愿意抬价到1万日元，让你损失9900日元。那么你只能抬价到1万100日元，这样如果你将它拍下来，便会损失100日元，但那也好过白白损失9900日元。

但这也不过是永无止境的丑剧的开头罢了。损失最终会扩大到5万日元、5万100日元、5万200日元，甚至更多。如果能预判到这里，你就会知道，不参加这场拍卖才是聪明的做法。

你是否注意到，在博弈中有可能发生不符合常识的情况了呢？然而你并非通过预判就可以避免稀奇古怪的事情。一切都要遵循博弈的规则。而且，很多时候，博弈的规则是无法改变的。

在接下来的章节中，将为各位读者讲述，在没有矛盾的情况下和有矛盾的情况下，你究竟应采取何种措施。

第二章 使用最小最大策略可减少失败的损失

博弈论初学者总会一心求胜，但实际上，如何在失败时减少损失更为重要。在失败时减少损失可以用术语表述为“最小最大策略”。

最小最大策略的目的是将己方蒙受的损失最小化。而尽可能减少失败，将失败的损失降到最小正是博弈论的精华所在。这样一来，最后获利也会增加。

1

何为最小最大策略？比起一心求胜，不如求不败

在博弈中，学会**将最大损失最小化**，即**最小最大策略**，极其重要。

减少损失的策略，早在兼好法师的《徒然草》里有提及。该策略并非由吉田兼好本人提出，而是当时的双陆[①]大师，即当时的赌徒说的：

“不求必胜，但求不败。”

这句话的含义是，比起一心想着怎么赢，更应该想着怎么才能不输。对此，兼好深以为然。你觉得这个想法消极吗？

虽说在博弈中，有时不使用最小最大策略也不影响局势，但在更多的情况下，使用该战术会让局势好转。在竞争中，当

---

① 双陆：一种棋盘游戏，两人交互从竹筒中摇出两个骰子，根据两个骰子的点数走棋子，执棋先进入对方阵地者为胜。

对方极力让你**获利最小化**（这也是最小最大策略）时，一般而言你也要使用最小最大策略予以反击。在这种**一方胜一方败**的情况下，使用最小最大策略是常规的抵抗手段。

▶ 最小最大策略在股市投资中颇有成效

在双方的获利与损失恰好相抵消的情况下，使用最小最大策略非常合适。因此，在零和游戏或零和博弈的情况下，请使用最小最大策略脱离困境。这一点非常重要，请务必牢记。

零和是许多博弈的典型特征。比如，在一般的竞技体育项目中，对战双方必有一胜一负，即可称作“零和博弈”。像棒球那样，虽然双方得分无上限，但是比赛时会根据分数高低判定双方的胜负，这同样属于零和博弈。

另外，在股市里，虽然股价不断上下波动，但平均股价不变，这同样是一种零和状态。有人赚钱，自然就有人亏钱。钱不过是从亏了的人手中转到赚了的人手里。

但是在现实的市场经济条件下，并非所有的竞争都属于零和博弈。有很多时候只要双方共同努力，最终可以达到共赢。即便如此，在市场经济条件下，最小最大策略也能发挥作用。

问题2-1 使用最小最大策略

假设你是A，在与B在对战。双方都可以选择速攻或缓攻。你能获得的利益如下表所示。

A	B	
	速攻	缓攻
速攻	1	2
缓攻	−1	3

对你而言的获利，对B而言则是损失。而标有负号的地方则代表了你的损失。比如说，如果你和B都选择速攻，那么你获利1，B损失1。但如果你选择缓攻，B选择速攻，那么你损失1，B获利1。现在你明白了吧，这张表是你的“获利表”。

你会选择速攻还是缓攻呢?

若使用最小最大策略进行思考的话，你就会得到答案，你应该选择速攻。在你和B都选择缓攻的时候，你能得到最大利益3。

但是，请看前面的表格。站在B的角度上来看，只要他选择速攻，就能让你的获利变少（你选择速攻时，若B选择速攻，你获利1＜2，这对B有利；你选择缓攻时，若B选择速攻，你获利—1＜3，对B有利）。因此，对B来说，选择速攻更有利。

那么，B一定会选择速攻。而你也应该选择速攻，这样你至少能获得利益1。请务必学会这种思考方法。

若有读者依旧觉得云里雾里，那么请再看一次表格，仔细思考一下。

希望大家通过这个问题了解，对方也在尽力使获利最大化，因此你便不得不尽可能减少损失。这种思考方法请务必牢记于心。

在博弈中，博弈者总没法走出能让自己获利最大的一步——然而，这正是这个零和世界的真理。

▶ 最小最大策略也无法让人永远立于不败之地

最小最大策略虽然很有用，但它也并非适用于所有情况。有些时候无需刻意使用它。

接下来的话或许会有些偏离主题，但还请就下面的问题进行思考。

问题2-2 消极是好事吗

很多人在想谈恋爱时接触不到自己喜欢的人。有些人是太过内向害羞而不敢接近对方，还有些人是因为被甩了太多次而失去信心。

那么，请看下面两种想法。你觉得哪一个更贴近博弈论的思考方法？

①比起被甩后伤心，不如一开始就远远看着比较好。

②哪怕是接触对方后被甩了，也好过什么都不做。

用最小最大策略思考后，或许会有人觉得①好像才是正确答案，笔者却更想将“哪怕是接触对方后被甩了，也好过什么都不做”作为正确答案。

英国诗人阿尔弗雷德·丁尼生的想法与笔者的类似，而且在日本也有“笨人多练，也能侥幸成功”的古话。

适龄的单身人士与异性搭话的时候，被搭话的人不会抱着“我要让跟我搭话的人获利减少”的攻击性态度。就算分手了，对方一般也会觉得“我没获得什么，也没损失什么”。

如果一个人不愿孤独一生，那么根据博弈论，笔者建议这个人总之先跟异性搭话试试看。就算被甩了，也可以尽快找下一个。

只是，有些异性性格不大好，会到处宣扬自己甩了别人……如果你不想被伤害，那么一开始就不要太过正式，尽量装作随意地邀请对方吧。

2

如何使用最小最大策略战胜对手？理清眼下形势，寻找占优策略

“将最大损失降到最小”不只重要，它也可以被用作口号。只要在心中常念“将最大损失降到最小，将最大损失降到最小……”，就能自然而然掌握博弈论的精髓。

毕竟从《徒然草》时代，“将最大损失降到最小”就已经被人视作一条秘诀了。

我们继续对最小最大策略深挖下去吧。

问题2-3 寻找占优策略

假设你是A，你的对手是B。你可以选择a1、a2、a3，B可以选择b1、b2、b3。

请看下表。你会选择哪个？这个问题有些复杂。

A	B		
	b1	b2	b3
a1	2	−1	0
a2	3	1	2
a3	4	−2	−3

你应该选a2。原因便是，这个选择符合最小最大策略。只要选择了a2，不论B想怎么减少你的获利，你都能至少获得利益1。但是如果你选择a1，你的获利就会有落到−1的可能（即损失1），选择a3你的获利就会有落到−3的可能（即损失3）。

接下来进入讲解部分。仔细看上面的表格就会发现，如果你选择a1，那么你的获利总会比选择a2时小。

请仔细比较a1、a2这两行。由于a2总能比a1让你获利更多，因此，a2便是占优策略。此时可以删去a1这一行，单看右下的表格。请你一定要学会边梳理问题边思考。

A	B		
	b1	b2	b3
a2	3	1	2
a3	4	−2	−3

针对同一个问题，B的立场和你完全相反。对B而言，数字越小，你的

获利越少，对他越有利。站在他的角度上看，比起b1，b2才是占优策略。你理解了吗？因此，我们可以删去b1这一行，将表格再变小，变成右上的表格。

A	B	
	b2	b3
a2	1	2
a3	−2	−3

我们继续看右中的表格。站在你的角度上看的话，你觉得你的占优策略是哪个？

比起a3，a2的获利总是更大的吧？1>−2，2>−3。这里是在和负数比较，做比较时不要弄错了，因此a2是占优策略。于是表格可以变得更小，变成右下的表格。

A	B	
	b2	b3
a2	1	2

最后我们再站在B的立场上思考。为了减少A的可获得利益，b2才是他的占优策略。因此表可以变得更小，变成上方右侧的表格。因此，你会选择a2，B会选择b2，你可以获得利益1，并最终取胜。

A	B
	b2
a2	1

▶ 寻找最优策略

像上面的问题一样，我们可以通过逐步消去双方的非占优策略，最终推测出博弈的胜负。这并非难事，学会看表格即可。

另外，如果有一种策略，它比其他所有的占优策略都更具优势，那么它便是最优策略。这就是所谓的必杀技。请记住这个术语。

问题2-4 消去非占优策略

下面是在问题2—1中使用过的表格。请消去其中的非占优策略。

A	B	
	速攻	缓攻
速攻	1	2
缓攻	−1	3

若一开始就站在A的角度上考虑，那么我们根本选不出来哪个是占优策略。

这个问题，需要我们先从B的角度看。

没做出来的人请注意，先从B的角度看问题的话，表1—表2是消去B的非占优策略，表2—表3是消去A的非占有策略，表格变化如下。

A	B	
	速攻	缓攻
速攻	1	2
缓攻	−1	3

→

A	B
	速攻
速攻	1
缓攻	−1

→

A	B
	速攻
速攻	1

在解类似的题目之时，你也已经开始逐渐习惯站在对方角度上思考问题了吧。

站在对方角度上思考问题是成为博弈达人的基础。习惯这样的思考方式，对你而言有利无弊。

现在再看表格，也不会再觉得难了吧?

3

当己方并无占优策略之时，毁掉对方的优势并取得胜利

如果在所有的博弈里都有占优策略存在的话当然再好不过，然而实际上并非如此。

博弈中既然有最优策略存在的情况，自然也会有占优策略不存在的情况。

问题2-5 占优策略存在吗

请看下表。在该种情况下，占优策略是否存在？

A	B	
	速攻	缓攻
速攻	1	3
缓攻	4	2

这种情况并不存在占优策略。即便如此，你应该也能做出正确的选择吧。根据最小最大策略，你应该选择的是缓攻。这样哪怕你的获利再少，也至少获得利益2。

至今为止，你总能从笔者给出的问题里顺利找到占优策略，但那都是笔者有意为之。实际上，在一般情况下，博弈中并不存在什么占优策略。正因其不存在，策略、战术才如此重要。

其实，博弈论正是在占优策略不存在之时，才能真正发挥效用。

问题2-6 击球手与投手

你是棒球的击球手。对方的投手会投出直球或变化球。

如果你预测来球是直球，那么当对方投过来的的确是直球时，你有80%的概率将它击回；但若对方投过来的是变化球，你将它打回去的概率就为0%。如果你预测来球是变化球，那么当对方投过来的是变化球的时候，你有30%的概率将球击回；但当对方投过来的是直球的时候，你将它击回的概率则只有10%。将以上信息整理成表格，表格如下：

击球手	投手	
	投出直球	投出变化球
预测是直球时的击回概率	80%	0%
预测是变化球时的击回概率	10%	30%

你作为击球手，是否有占优策略?

此处并无占优策略。只是，根据最小最大策略，你应该预测来球是变化球。现在你应该已经很了解最小最大策略的使用方法了吧?

▶ 互相拆招是博弈的常规手段

分明有最佳策略，但由于对方会碍事，自己总是没法采取最佳策略——类似情况在实际博弈中多有发生。当然实际的情况会更加复杂，这里只不过将实际的情况加以简化。但即便如此，也足够唤起人们的共鸣了。

当自己想要采取某种做法之时，对方会来阻止自己——博弈就是如此。比如击球手预想来球一直是变化球，偏偏投手投过来的球都是直球，此时击球手将球击回的概率就会下降。因为投手一直投变化球，击球手将球击回的概率有30%；但如果投手一直投直球，就能把击球手将球击回的概率压制在10%左右。

然而，若投手一直投直球，击球手就能预想到来球是直球，将球击回的概率就能提升到80%。这种做法便好过初步的最小最大策略。

通过上面的说明，你应该也明白了，初步的最小最大策略是非常弱势的。“若对方那么做了，我就这么做”，这种见招拆招的能力其实也非常重要。

请大家务必将类似的战术也牢记心中。这才是真正的博弈论。

4

如何使获胜的概率最大化？定期采取不同行动

博弈论中**将一直采取固定行动的行为叫作“纯策略”**。

另外，如果是以“每几次里要有几次这么做”的概率采取行动的行为，比如“每3次里要做1次这样的事”，则被称作“混合策略”。

“纯策略”与“混合策略”这两个术语读来让人觉着有些不够形象，因此，此处我们称呼后者为“概率策略”。

在上一节的问题2—6“击球手与投手”里，根据最小最大策略，得到的结论是击球手要一直预测来球是变化球。但是不要忘记，博弈论的精髓是“以某种概率采取行动，效果会更好”。

这就是诺伊曼所证明的博弈论的基本定理。

大家想必也对这一节的内容很期待吧。仔细想想的话，这种行为其实很符合常理，而且很好用。可以通过对理论的应用，采取最适合的行动。

问题2-7 以某种概率采取行动

这个问题与上个问题设定相同，只是击球手（你）预测来球是直球和变化球的比例是1∶1，投手投出直球和变化球的比例也是1∶1。

那么此时，你的击球率[①]是多少？

请看下面的表格，根据题目可知，表格里每一格的概率都是1/4。

击球手	投手	
	投出直球	投出变化球
预测是直球时的击回概率	80%	0%
预测是变化球时的击回概率	10%	30%

那么你的击球率：

$$(80\%+0\%+10\%+30\%)\div4=120\%\div4=30\%$$

① 击球率：击球手击回投手投过来的球的概率。

“直球和变化球的比例是1∶1”非常符合人们的日常认知。这样一来，击球手的击球率也上升到了30%。但是这么高的击球率，对投手就有些不友好了。

若是站在投手的立场上，则应该制定怎样的对策呢？

问题2-8 投手的对策

击球手预测来球是直球和变化球的比例是1∶1，那么作为投手，应该投出怎样的球才能降低击球手的击球率？

击球手	投手	
	投出直球	投出变化球
预测是直球时的击回概率	80%	0%
预测是变化球时的击回概率	10%	30%

投手只要一直投变化球的话，就能将击球手的击球率压制在15%。通过表格，我们就能得到此时击球手的击球率：

$$(0\% + 30\%) \div 2 = 15\%$$

接下来我们再站回击球手的立场上。击球率降低到了原来的一半。虽然这比不使用概率策略时的最低值10%要高，但这么低的击球率，可没法让你成为球队的明星击球手。

此时击球手为了应对投手的策略，就应该预测投手的投球全部是变化球，这样一来击球率就会回到30%（毕竟投手一直投变化球）。然而投手也意识到自己的策略被对方看穿，于是开始一直扔直球。此时击球手的击球率又下降到了10%。

你看，这个交锋是不是很激烈？

问题2-9 概率的变化

依旧是下面的表格，但是此时击球手预测投手投直球和变化球的比例是3：7。此时击球手的击球率是多少？这个问题有些复杂。

击球手	投手	
	投出直球	投出变化球
预测是直球时的击回概率	80%	0%
预测是变化球时的击回概率	10%	30%

答案是21%。先假设投手一直投直球，此时击球手的击球率：

$$80\%\times0.3+10\%\times0.7=24\%+7\%=31\%$$

接着假设投手一直投变化球，此时击球手的击球率：

$$0\%\times0.3+30\%\times0.7=21\%$$

投手投出直球和变化球时，击球手的击球率如上所述。投手投直球多的话，击球手的击球率会接近31%，投手投变化球多的时候击球手的击球率会接近21%。最后，投手为了降低击球手的击球率，会一直投变化球，将击球手的击球率压制在21%，这就是本题的答案了。

接下来我们对比一下问题2—8和2—9吧。问题2—8中击球手的击球率是15%，而2—9中击球手的击球率是21%。随着击球手改变了对投手所投球的种类的预想概率，他的击球率也出现了提升。对击球手而言，这是“获利”。

像这样，成功地以某种概率采取行动，哪怕一个人的实力没有提升，他的成绩也会明显上升。这就是一个擅长博弈的人和一个不擅长博弈的人的区别。

▶ 探究如何达到最佳比例

那么击球手能将自己的击球率提高到怎样的程度呢？这是大家最关心的事情。

问题2-10 击球手的最佳比例

若击球手预测投手投出直球和变化球的比例是1：4的话，他的击球率是多少？

击球手	投手	
	投出直球	投出变化球
预测是直球时的击回概率	80%	0%
预测是变化球时的击回概率	10%	30%

击球率是24%。击球手预测，投手投直球的概率是20%，投变化球的概率是80%。

那么先假设投手一直投直球，此时击球手的击球率：

$$80\%\times 0.2+10\%\times 0.8=16\%+8\%=24\%$$

接着假设投手一直投变化球，此时击球手的击球率：

$$0\%\times0.2+30\%\times0.8=24\%$$

实际上不论投手怎么投直球和变化球，击球手的击球率都固定在刚刚计算的那个值上。投手投直球多的时候击球率是24%，投变化球多的时候击球率还是24%。最后投手的策略大获成功——击球手的击球率固定在了24%！

这就是博弈论的基本定理。从理论上看，这是最优策略。只要击球手的实力如前面表格所述，那么不论投手采取何种战术，击球手的击球率都固定在24%。

想要得到这个值，做法很简单。先站在投手的角度上，让一直投直球时击球手的击球率和一直投变化球时击球手的击球率相等就可以了。

擅长解方程的人很轻易就能算出最佳比例。不擅长解方程的人也不用担心，只要用计算器多次计算，再将比例微调就可以了。

5

胜负的比例平衡下来之后该如何做？打破二者间的最佳比例

以不变应万变是概率策略的基础——对读者而言，这种表述应该是最容易理解的吧。

问题2-11 投手的最佳比例

这是一道应用题。假设你是投手，那么你会以怎样的比例投出直球和变化球？

击球手	投手	
	投出直球	投出变化球
预测是直球时的击回概率	80%	0%
预测是变化球时的击回概率	10%	30%

投出直球与变化球的比例是3：7，这样的话击球手的击球

率就是24%。

请将投出直球和变化球的比例进行各种假设，再分别计算击球手的击球率。比如，当二者比例是2：8的时候，假设全投直球，此时对方击球率：

$$80\%\times0.2+0\%\times0.8=16\%$$

假设全投变化球，此时对方击球率：

$$10\%\times0.2+30\%\times0.8=26\%$$

此时，击球手假设来球全是变化球的话，他的击球率可以达到26%。

接着，假设投出直球和变化球的比例为4：6。假设全投直球，此时对方击球率：

$$80\%\times0.4+0\%\times0.6=32\%$$

假设全投变化球，此时对方击球率：

$$10\%\times0.4+30\%\times0.6=22\%$$

此时，击球手假设来球全是直球的话，他的击球率可以达到32%。

再假设投出直球和变化球的比例为3：7。假设全投直球，此时对方击球率：

$$80\%\times0.3+0\%\times0.7=24\%$$

假设全投变化球，此时对方击球率：

$$10\%\times0.3+30\%\times0.7=24\%$$

此时，击球手的击球率稳定在了24%。不论击球手怎么做，他的击球率都不会变。

也可以通过绘图的方法求解，击球手视角的击球率图如下。

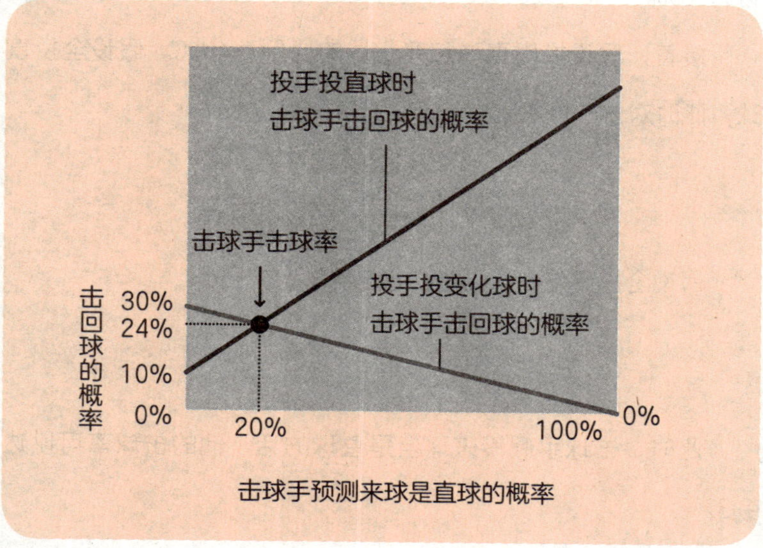

对击球手来说，不管对方出了什么招，保证自己的击球率不下降才是最重要的。

不知该说是出人意料，还是理所当然，从击球手的角度计算的最佳击球率是24%（问题2—10），从投手的角度计算的最佳击球率也是24%（问题2—11）。二者恰好一样。

站在击球手的角度看，若投手投球时，投出直球和变化球的比例不符合最佳投球比例（即投出直球与变化球的比例是3：7），自己的击球率就会上升……然而，在最佳投球比例下，击球手的击球率不会有变化。

何况仔细想来，最佳击球率其实也是最低击球率……投手投出直球和变化球的比例与最佳投球比例相差非常远的时候，若自己依旧按照最佳投球比例预测，那么自己的击球率实际上就是最低击球率。从这一点上来看，这其实也属于投手对击球手使出的最小最大策略。

但是根据博弈论，投手也在竭尽全力做到最好。因此，在投手发挥最佳的时候，击球手的击球率也是最高击球率。

是不是觉得有些混乱了？那就将至今为止的问题再梳理一遍吧。

▶ 封住对方的拿手一招

先前也有提及过，在博弈论的实际应用中，如何“让对方无法使出拿手一招”最为重要。这同样符合概率策略。

击球手预测来球是直球，投手也投出直球的时候，击球手能将来球击回的概率高达80%。

然而即便击球手预想到了来球是直球，他的击球率只有20%左右是因为投手只有30%可能投直球。

类似的事情在其他竞技体育项目里也时有发生。擅长右勾拳的拳击手，在比赛中使出右勾拳的机会寥寥无几；在足球赛场上，明星前锋的动作总是被紧紧盯住。

而选手所不擅长之处反而会被集中攻击。不擅长反手的网球选手总会被迫接反手球；在棒球领域也是如此，投手总会往击球手不擅长的区域投球。

那么，如果本不擅长反手球的网球选手越来越擅长反手球了，事情会变成什么样子？正确答案是：对手打反手球的概率会下降。

一个人越擅长什么，他就越没机会使用什么。这就是博弈领域特有的“不合理”。

▶ 有时错误的预测反而能提高获胜概率

现实中“不合理”更加有趣——这种不合理并非博弈论的破绽之处。

我们已经知道，在问题2—11中，投手最应该将投直球和变化球的比例控制在3∶7。

而在问题2—10中，击球手预测来球的直球和变化球比例为1∶4最佳。

双方都针对直球和变化球的比例进行了预测。投手能按照3∶7的比例投直球和变化球，但是击球手却不能按照同样的比例预测来球。他只有按照1∶4的比例预测才能达到所谓最佳。

击球手预测错误，反而能达到最佳。这正是博弈论教给我们的“不合理”——并非只有完全正确的预测才是最好的。

有时候错误的预测反而能带来好结果，是不是很令人惊讶？通过博弈论，你能更多地了解这个奇妙世界。

▶ 最小最大策略呈马鞍状

本章将使用其他博弈论讲解书中未曾使用过的、最通俗易懂的方法，为大家讲解诺伊曼的博弈论基本定理的使用方法。

一般来说，双方进行零和博弈之时，博弈双方都会尽力让己方获得更多利益，也就意味着尽力减少对方能获得的利益。

若我们将上述情况画成图的话，就会发现最小最大策略像个马鞍。己方想要往曲线的高处走，对方却会将己方往曲线的下方拉。最后双方在马鞍中间的地方取得平衡。

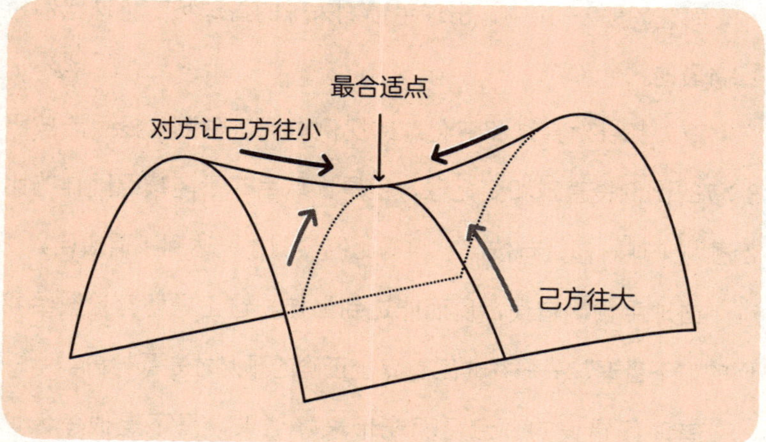

己方想往曲线的上方去，这是“最大”在发挥作用；而对方将己方往下拉，则是“最小”在发挥作用。

二者互相制约，最后最小最大策略呈现马鞍形。

在诺伊曼之前，概率论大师爱弥儿·波莱尔也注意到了这个理论，但他认为这个理论很难成立；另一位统计学大师罗纳德·费舍尔仅证明了该理论在简单情况下存在；最终将这个理论用完整的形式证明的是年轻的诺伊曼。

另有一点需要说明的是，某些专业术语太过晦涩，因而本书有时会采用不同的表达方式。比如，由于笔者认为“混合策略”这个表达方式不甚切合，因此改用了“概率策略”的表达方式。

除此之外，博弈理论的基本定理是通过双人零和博弈推导出来的成果。

在博弈时，敌方采用最小化策略，己方采用最大化策略。它是指要将**最小获利最大化**。将敌我双方所采用的策略混合重组，便是最小最大策略。

同时，在博弈论中，“战略”这个词经常被使用。比起“战术”和“策略”，“战略”一词显得太过夸张。

最小最大策略已作为固定用语，因此本书中不做更改。而对于其他用语，则尽可能使用更为日常的表达方式。

除此之外，本书尽可能使用了更接近日常用语的、更易于读者理解的表述。“利益”一词，哪怕不换成“利润”“效益”之类的表述，大家也不难理解，因此这一表述笔者并未做修改。

“诱因”指的是悬在眼前诱惑自己的奖励，“预约”指的是提前做好约定。学者们有一个习惯就是，尽可能使用晦涩的语言让文章看起来更高级。而本书则与此相反，比起形式，更看重内容。

第三章 使用最小最大策略，在投资中获利

上一章对博弈论的思考方法进行了正式的解说。虽然那一部分有些难以理解，但大家只要知道，使用概率策略的话，有时也能获胜即可。本章将更简单易懂地为大家讲述博弈论的思考方法，围绕在投资这类与实际利益相关的情况下该如何思考展开。希望读者们能通过这一部分了解实际利润的基础是什么。股票的买卖基本遵循“尽力少败，减少损失”的原则，这也正是博弈论的精髓。

1

如何减少损失？及时止损

大家对雷曼危机或许依旧记忆犹新。但是日本自1990年代泡沫经济崩溃以来，土地价格、股价等已经跌到之前的几分之一，许多国民损失惨重。哪怕那些不做投机交易的人也没能逃过一劫。

由于泡沫经济崩溃，银行存款利率大幅下降，那些坚持存款的人能获得的利息也随之骤减。最不幸的是那些在泡沫经济高峰之时不得不买房的人，其中因还贷而破产的不在少数。他们哪怕在泡沫经济崩溃后将房子卖掉，也还不完房贷，境遇十分悲惨。

这些人并非个例。一个人不论生在哪个时代，一生中总有很大可能不止一次遭遇类似的不幸。比如，昭和金融恐慌时代，日本被卷入了世界经济大恐慌的浪潮里。在当时，美国股价下跌89%，失业率高达25%。

博弈论作为一种生存的智慧，每个人都应对此有所了解，才能在灾难到来之时不至于束手束脚，毫无对策。

▶ 若不及时止损，损失会继续扩大

为了使大家更善于博弈，笔者希望大家务必了解“失败时尽可能减少损失”的重要性，在投资这个博弈的世界中更是如此。

首先，请大家对“止损”的基础问题加以思考。

问题3-1 赔本买卖做不做

假设你以每股1万日元的价格买了A公司的股票。A公司的股票过去最高价格是每股2万日元，但在那之后，股价也有下跌到每股400日元的冰点的时候。

现在，A公司股价是每股7000日元。

你敢将A公司的股票出手吗?

若你有卖出的勇气，那么你便是有博弈资质之人。有时候哪怕明知是赔本生意，也不得不去做，否则损失会更加巨大。

在题目里给定的条件下，你的损失是30%。若一只股票走势波动剧烈，那么对于投资家而言，30%的损失属于可接受范围

内，即这些损失是比较容易挽回的。然而若A公司股票跌到了每股400日元，此时损失便是96%，基本无法挽回。将各种情况综合考虑来看，这只股票很危险，应该即刻将它卖掉。

这个问题中的A公司存在于现实之中。在它最鼎盛时，它的股价达到2万日元以上，而其股票面额为50日元，所以这家公司当时是非常好的企业。但是之后由于种种问题，股价跌至原来的1/1000左右，不足20日元。最终，该公司退市了。

或许会有人说："对我来说30%的损失并不是可接受的，别把我跟专门做投资的当作一路人。"但是在股市波动剧烈时，对许多投资家来说，30%的损失的确处于可容忍范围内。而且，参与投资股票的个人投资者不足股票投资总人数的20%，其余80%的投资者都是机构投资者或者境外投资者。

在这种环境下，单凭个人的一套理论，在股市里是玩不转的。

2 比起赚钱，更要注意亏损——计算损失占比，再作应对

经济学家凯恩斯将股票投资比作选美大赛，因为大家所选择的并非“自己觉得美丽的女性”，而是“大家都觉得美丽的女性”。在股票投资领域，有许多所谓的经验之谈。

但是实际上，在股票投资中最重要的方针是“尽可能减少损失”。将损失控制在最小范围内再考虑其他，是股票投资最基础的一步。请大家务必着眼在损失，而非赚钱上。

我们先从最简单的问题开始吧。

问题3-2 注意损失

小学生A最近终于养成了认真学习的习惯。他以前考试的平均分是80分，现在终于提高到了90分。

A已经通过学习，让平均分达到了总分的90%，那么再将学

习时间增加10%是不是就能达到100分了呢？

当然不能。比起得了多少分，更重要的是丢了多少分。

平均分90分的时候，丢掉的分数是10分。到这个程度上再继续减少失分是很难的。此时继续让失分少一半，变成5分的话，平均分就会达到95分。但是，要想把失分减少一半，学习时间就得变为原来的2倍才有可能实现。以此类推，要让平均分达到97.5分就需要将学习时间变为原来的4倍，要让平均分达到98.75分就需要将学习时间变为原来的8倍……这样一来，平均分永远无法达到100分。

然而，总有许多人抱有“再多学一点儿的话就能拿到满分了”的想法，这本是世间常情。只是大家需要将注意力更多地放在丢掉的分上才行。

产品的次品率、加工精度等也是如此。要把次品率从1%降低到0.1%需要长时间的、细致的研究，以及对质量监管方法的构建。

单单是发现次品的步骤就十分烦琐，从这里大家应该就能体会到注意次品的重要性。如果次品率是1%，意味着从100个产品中发现了1个次品；若次品率是0.1%，那就意味着从1000个产品中只发现了1个次品。

若是找不到次品，工人们就无法发现产品的制作过程中哪一步出了问题，也无法制定相应对策。单是寻找问题所花的时间，就可能是制作产品的10倍。

▶ 同是损失，其严重性亦不同

既然大家已经理解，比起赚钱更要注意损失，那么我们再来看一个问题。

问题3-3 注意损失

股价从1000日元下跌到了750日元；对其置之不理，股价便继续下跌，变成500日元。

这两次股价下跌，哪一次更严重？

第二次的股价下跌更严重。两次股价下跌都损失了250日元，那么我们来分别计算一下两次的损失占比。

第一次下跌，损失占比25%。

第二次下跌，损失占比约33%。

因此第二次下跌更严重。

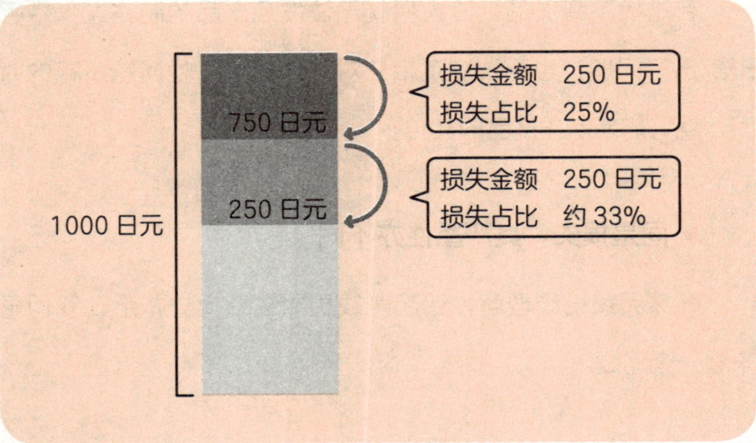

在这里又提示了一个重要的思考方法，那就是要考虑损失的占比。在涉及金额之时，不要考虑金额变化的绝对值，而要考虑其与原金额对比的相对值。

这种思考方法对于擅长逻辑思维的人而言是理所当然之事。尤其是在实际应用中，这种思考方法非常实用。大家不要怕麻烦，请利用计算器，养成计算的习惯吧。

此外，获得2002年诺贝尔经济学奖的丹尼尔·卡内曼一直从事经济心理学的研究，他关注了人类的主观概率。根据他的理论，投资者在最开始股价下跌250日元的时候就会惊慌失措。

然而接下来，他们的感觉会开始麻木，在股价再下跌250日元的时候就会心生放弃之意。

人们若想要在股市获得收益，就要学会客观地、合理地看待问题。这样得到的结论会与主观地看待问题时有所不同。

▶ 损失难以挽回

相信大家已经能够通过计算百分比的方式来判断损失的严重与否了。那么大家也就能理解为什么减少损失如此重要了吧，那是因为从占比的角度来看，比起所得，损失所产生的影响更大。

问题3-4　损失的挽回

股价从1000日元下跌到了700日元，跌了30%。

那么股价要上涨多少才能恢复到原本的1000日元呢？

请用计算器计算一下。股价得上涨大约43%才行。

$1000 \div 700 \approx 1.43$

也就是说，要恢复到原来的股价，至少得上涨大约43%。明明股价仅下跌了30%，再涨回去就得上涨约43%，上涨的幅度比起下跌的幅度更大，因此更困难。大家明白了吗？

若股价下跌了50%，那么要回到原来的股价，股价的上涨幅度就得是100%。下跌的幅度越大，要回到原来的股价，股价上涨的幅度就得尤其大。

在股市中，巨头公司的股价在长期的下跌或上涨中，发生几倍于原本股价的波动是很常见的。而风险企业的股价甚至有可能变为原来的1/10，极端情况下甚至是1/100。若股价下跌99%，那么想再涨回去就得涨100倍。

因此，有时哪怕知道卖了就是亏钱，但也务必要在损失尚且能够挽回时将股票抛售，及时止损。

3

如何应对投资的不稳定性？为了减少亏损，要将风险分散

股市的未来行情总是伴随着一定的不确定性，这会对人们的股市投资产生一定的影响。股民们觉着或许股价会上涨，于是将股票买到手，但他们其实也无法保证股价百分之百会上涨。那些股票新手甚至经常出现“一买就跌，一卖就涨”的情况。

从股市整体来看，股价在一定范围内上下波动、行情稳定的时候，股票新手是很难赚到钱的。这也是理所当然的——毕竟在行情稳定的情况下，有人能获得收益，自然就有人亏损。这是股市处于零和博弈的状态。

这样一来，股票老手得到了收益，相应的那些股票新手就会亏钱。

这一点必须要注意。博弈论正是一种能够让你从理论上学习这种机制的工具。

▶ 通过资产组合减少风险

希望大家至少能够通过对这一节的学习，掌握分散风险的方法。

为了应对股市行情的不确定性，将风险分散极其重要。若要分散风险，则请了解一种叫作“投资组合”的思考方式。所谓投资组合，就是“投资家的资产说明书”，它后来被转译为“投资组合策略”，意为如何将资产分散，分散开的资产要如何使用，如何减少风险。

有一种耳熟能详的说法，说是要将你的投资分成3份。这种说法要求你将资产分成储蓄、有价证券和不动产3份，并各自管理。有时候贵金属也包含在内。近年来又有意见提出，外币计价的金融商品也可以包含进去。

假设你现在想要将300万日元用在股市投资上。有两种方案：

①将钱全部投在1只股票上。

②将钱分散开来，投在3只以上的股票上。

你觉得哪一个方案更好?

若基于本章“减少损失”的方针进行思考的话，你应该自己就想得出来哪一个才是更好的方案吧？方案②，“将钱分散开来，投在3只以上的股票上”，这种做法是正确的。

如果将钱全部投在1只股票上，那么当这家公司破产时，你投进去的钱就全部打了水漂。这种最糟后果当然是与之离得越远越好。

将钱分散开来，投在3只以上的股票上的话，哪怕其中一家公司破产了，还有两家公司尚存，只要他们的股价上涨50%（虽然很困难），就能基本保证不亏本。

若将钱分散投在4只股票上，那么当一家公司破产，其他公司的股票价格只要上涨33%左右就能让你不亏本。

将钱分散投在5只股票上的时候，当一家公司破产，其他四家公司的股票价格上涨25%就可以让你不亏本了。现在你明白分散风险的重要性了吗？

而且，在股市中，股价波动的时候，一般而言所有股票的股价都会一起上涨或下跌。即便分散投资，股价上涨时得到的收益也并不一定会比集中投资时低多少。

这种投资组合策略一方面着眼于分散风险，另一方面也意在提高收益率。它看重的是如何分配资产，才能在一定程度上减少风险的同时，保证资产不遭受损失甚至有所增加。虽说所谓高风险、高回报，在一定程度上增加风险，也能增加收益。

但是，不怕一万就怕万一，笔者依旧推荐大家，采取合适的投资配置比例，减少投资风险。

4

如何通过现实的投资获利？计算可得利益

人们有时候会去买彩票，期待自己中头等奖，或是期待通过股市投资，轻轻松松变成亿万富翁。

人们很容易被不切实际的欲望欺骗。大家不要总想着那些不切实际的事，要多考虑考虑更现实的利益。同时，也要关注损失。

我们来做几个练习。

问题3-5　预测的命中率

股市老手A，预测股票走势时每3次中能有2次猜中。若猜中就能赚30%，若猜错就要亏30%。

由于A对股票走势的预测的命中率是2/3，那么平均下来，相当于他每次都能赚20%，是这样吗？

平均下来，他每次只能赚6%。

思考时请务必将损失的部分也纳入考虑之中。如果A每猜3次都有1次猜错的话，那么他3次下来赚到的就是：

$$1.3\times1.3\times0.7=1.183$$

也就是说，他每进行3次股票投资，只能赚18%（还得从里面减去交易费用）。将它除以3，粗略计算下来，每次大约能赚6%（若要精确计算，则要将1.183开立方，最后结果是不足5.8%）。

哪怕每3次中有2次能赚到钱，平均下来收益竟然也很少，但现实中的博弈就是如此。

过去在股市里，小额个人投资者在股票买卖过程中，必须向证券公司缴纳3%左右的手续费和税费。哪怕等到他们对股市投资有了心得，能赚到钱之后，他们赚到的钱的一半也都被扣除了。后来，让股民在网上就能进行股票交易的网络证券公司的出现，才让这种情况得到改善。

那么，当预测的命中率达到3/4的时候，情况又如何呢?

$$1.3\times1.3\times1.3\times0.7=1.5379$$

若将0.5379除以4，则结果约为13%；若进行精确计算，则结果约为11%。这种程度的命中率，可以说是殿堂级别的了。而预测的命中率达到4/5什么的，基本就是天方夜谭。

▶ 止损便是获利

在实际生活中，股票收益率不会像我们想象的那样提升。原因是**损失会成为我们的绊脚石**。如何将这绊脚石搬走呢？我们通过练习题思考一下吧。

问题3-6 通过止损，增加收益

股市老手A，预测股票走势时每3次中能有2次猜中，而且他学会了止损之法。

他每猜中一次就能赚30%，就算猜错了，也会在损失达到10%的时候就将股票出手。

在这种情况下，他每猜中一次能赚多少呢？

答案是15%。很简单就能计算出来。

$$1.3\times1.3\times0.9=1.521$$

若简单地计算的话：

$$0.521 \div 3 \approx 0.17$$

就是说A大约每次能赚17%。精确计算的话要将1.521开立方，最后得到的结果大约为15%。

总而言之，相比不止损时每次猜中只能赚6%，学会止损能让他的收益变成原来的3倍。

便是比起4次中能猜中3次的大师们，这个方法也更胜一筹。若是大师们也使用止损之法，那他们每猜中一次，就能赚大约19%。

第四章 通过一报还一报，摆脱囚徒困境

马基雅弗利曾说："战争在你愿意时开始，却并不在你乐意时结束。"类似状况世上多见，人们一旦陷入某种糟糕境地，便只能一路奔往不幸，无法挣脱。

博弈论中也有一个著名的比喻正描述了这种情况，它就是囚徒困境。近年来，比起博弈论的基本定理，囚徒困境更为著名。现在，它已经成了博弈论的一个代表命题。

1

什么是囚徒困境？是背叛，还是合作

所谓困境，就是指**二律背反**或**左右为难**，是指**人在两个选项之间徘徊不定，难以抉择的状态**。它是与“最小最大”齐名的博弈论重要概念。

首先笔者为大家介绍一下最简单的囚徒困境。

这是一个发生在两个人之间的决策游戏。

问题4-1 囚徒困境

A与B被逮捕了。他们被怀疑是一桩案件的共犯。事实上，关于二人的犯罪证据尚且不足。

二人被分开拘留，都不知道对方在面对检察官的调查时会作何回答。

检察官给他们提供了如下的选择。

①若二人都选择沉默，则二人皆判1年有期徒刑（因为只能

轻罪轻罚）。

②若二人都认罪，则二人皆判2年有期徒刑（因为罪行已定）。

③若一人沉默、一人认罪，那么认罪者得到释放，沉默者处以3年有期徒刑。

将其整理成如下表格。

<table>
<tr><th rowspan="2">A</th><th colspan="2">B</th></tr>
<tr><th>沉默</th><th>认罪</th></tr>
<tr><td>沉默</td><td>A：1年
B：1年</td><td>A：3年
B：0年</td></tr>
<tr><td>认罪</td><td>A：0年
B：3年</td><td>A：2年
B：2年</td></tr>
</table>

如果你是A的话，你会选择沉默还是认罪呢？

请自由选择。你只需注意到你处于一个左右为难的状态就可以了。接下来，我们边考虑对方的立场，边考虑为什么会左右为难。

· 对方沉默的时候

对方选择沉默的时候，你选择沉默还是认罪更有利呢？

若你选择沉默，那么你将被判1年的有期徒刑。（左上格）

若你选择认罪，那么你将得到释放。（左下格）

因此，你选择认罪更有利。

· 对方认罪的时候

对方选择认罪的时候，你选择沉默还是认罪更有利呢？

若你选择沉默，那么你将被判3年的有期徒刑。（右上格）

若你选择认罪，那么你将被判2年的有期徒刑。（右下格）

因此，你选择认罪更有利。

这样综合考虑下来，你选择认罪更有利。由于表格是对称的，因此B的考虑应该和你的一样。那么放心大胆地选择认罪好像就可以了……

▶ 在囚徒困境里，认罪是最佳选择吗

然而，还请大家再仔细看一看前面的表格。

根据刚刚的分析，选择沉默对你来说更为不利。但是如果二人都选择沉默，那么双方都只被判1年有期徒刑。这分明比选择认罪的刑期更短啊！

但是，如果自己选择了沉默而对方却选择了认罪，那自己就会被判3年有期徒刑……

这就是困境（dilemma，二律背反状态）。明明选择某个选项是为了获利，结果本认为会给自己带来损失的选项反而更优。

要理解这一点或许会有些难。我们接下来再做几个类似问题，只要你能认识到哪个是困境，你就成功了。

总之，请好好看表格，试着自己思考一下。

2

日常生活中也有囚徒困境吗？降价竞争的困境

或许会有人认为这些事情不过是天方夜谭，现实生活中根本不存在。不，这种想法大错特错。这种事实际上常有发生，根本不足为奇。正因如此，囚徒困境这个问题才这般出名。

问题4-2 降价竞争

国道旁的加油站A和B的油价都是每升100日元，它们正在进行销售竞争。

有一天，A加油站的主人估算了一下年利润。

①如果两家加油站油价都是每升100日元，那么年利润就都是2000万日元。

②但如果有一家加油站降价，它就能争取到另一家加油站的客人，这家降价了的加油站的年利润就能达到3000万日元；而不降价的加油站的年利润就会下降，最后落到亏损1000万日

元的境地。

③如果两家加油站都降价了的话，那么它们的年利润就都会下降到1000万日元。

如果你是加油站的主人，你会选择保持现状还是降价呢？

这个问题和囚徒困境如出一辙。当对方保持现状时，你选择降价更能获利，所以看起来似乎是降价更好。

A	B	
	保持现状	降价
保持现状	A：2000万日元 B：2000万日元	A：－1000万日元 B：3000万日元
降价	A：3000万日元 B：－1000万日元	A：1000万日元 B：1000万日元

但是，当对方也抱有同样想法并降价时，双方的年利润就都会变成1000万日元，这个数字远远低于保持现状的2000万日元年利润。

如果你选择了保持原状，但对方却选择了降价，那么亏损1000万日元的就成了你。因此，这是个困境。

▶ 通货紧缩所引起的困境

像这种通过降价赢得竞争的法子，是实际生活中时常使用的策略。

当两家店彼此相邻，还经营同样业务的时候，它们之间或许就会产生降价竞争。它们中有一家会降价，另一家为了与之竞争就会更大幅度地降价，最后看哪一家先撑不住。所谓“通货紧缩螺旋”指的或许就是这种全社会都陷入降价竞争的状态吧。

竞争双方中，一方降价想要抢夺对方的市场，另一方就必须更大幅度地降价来将市场夺回来。双方你来我往，最后只落到再难复起的境地。囚徒困境正是最适合描述该种现象的模型。囚徒困境的基本构造如下。

①有一方追求眼前利益。

②另一方也必须予以回应。

③最后双方都损失惨重。

可以说囚徒困境就是不幸的游戏。

▶ 生物的物竞天择亦有困境

有科学家声称，囚徒困境也存在于生物社会。生物学家梅纳德·史密斯提出了进化稳定策略（Evolutionarily Stable Strategy，简称ESS）。我们以南洋的乐园为舞台，对这个问题稍作思考吧。

问题4-3　生物进化博弈

生活在南洋的某种鸟类面临着忠贞和不忠的选择。

①若雄鸟、雌鸟都对彼此忠贞的话，每只鸟一生平均能有10只后代。

②若双方中有一方不忠的话，那么不忠的一方能拥有20只后代，另一方则只能拥有5只后代。

③若双方都不忠的话，那么它们对幼鸟的照顾就难以尽心，每只鸟平均只能有7只后代。

在这种情况下，囚徒困境也会出现吗？

会出现的。我们将以上信息总结成下表。

雄鸟	雌鸟	
	忠贞	不忠
忠贞	雄鸟：10只 雌鸟：10只	雄鸟：5只 雌鸟：20只
不忠	雄鸟：20只 雌鸟：5只	雄鸟：7只 雌鸟：7只

不论对方是忠贞还是不忠，对自己而言，不忠的利处更大。可如果自己忠贞，对方却不忠，那么自己的损失会更大。但是如果双方都不忠，那么结果会比都忠贞的时候还要差。因此这也是囚徒困境。

大家已经基本了解囚徒困境的陷阱在哪儿了吧？囚徒困境是单自己采取某个方针时可以获利，可对方也采取同样方针时双方都会损失的模式。

在这个问题里，忠贞的鸟和不忠的鸟，哪一方的后代会更多呢？如果忠贞的鸟可以拥有更多的后代的话，拥有它们基因的后代也会更加忠贞。

它们后代的后代也是如此……这样一代一代传下去后，忠贞的鸟会更具有生物学上的优势。

若将此看作进化中的自然选择问题，那么囚徒困境的确也可以作为生物学的课题。梅纳德·史密斯就是因为研究这个问题而得到了奖金5000万日元的京都奖。

3

如何在囚徒困境中取胜？选择不合作也不背叛

囚徒困境真的很棘手。那么在囚徒困境里，合作和背叛，哪一个更好呢？

于是有一个人想要搞一个计算机程序竞赛。这个人是政治学家罗伯特·阿克塞尔罗德。选手们要针对囚徒困境编写计算机程序，并在计算机上对战。他试图通过竞赛，找出最强战法，并将之用作解决囚徒困境的方法。

但是，由于他不知道在一次性的博弈中取胜的程序是否是囚徒困境的真正解决方法，于是他又制定了一条规则——重复对战。在一场比赛中要对战200回合。就是说，要进行200场囚徒困境。每个选手都要进行5场这样的比赛。最后计算5场比赛的平均分（每场比赛得分为200回合比赛的总分）。

参加竞赛者是14支研究队伍，还有罗伯特·阿克塞尔罗德自己加上的随机程序（选择合作和背叛的概率各50%的程序），总共有15个程序参加对战。同时，相同程序间的对战，即自己与自己的对战也包含在内。

这个竞赛的结果如何呢？

首先，我们来看随机程序的战果，再将之当作标杆，通过对比它与其程序的战果来判断其他程序的强弱。

问题4-4　随机程序的得分

阿克塞尔罗德所设定的囚徒困境问题如下表所示。

A	B	
	合作	背叛
合作	A：3 B：3	A：0 B：5
背叛	A：5 B：0	A：1 B：1

那么当两个随机程序对战时，每回合的平均得分是多少呢？

是9/4分（2.25分）。表格中每一格的概率都是1/4。分别将A、B在表格里的分数相加，也就是说将0分、1分、3分、5分相加后，再除以4，就能得到最后的平均分了。

每场比赛要进行200回合对战，因此将最后平均分乘以200的话，每场比赛得分就是450分。而比赛的满分是1000分，因此两个随机程序对战时，平均分不到满分的一半。

随机程序是概率策略的一种，因此这种方法也不一定就是最糟糕的。只不过在这次比赛中，随机程序排名倒数第一。

反过来想想的话，究竟怎样的程序才能在比赛中取得头名呢？它是不是通过人工智能技术编写的、能够进行非常复杂的判断的程序呢？还是说，程序编写者发现了什么新理论，而这个最后胜出的程序正是他基于这个新理论编写的？

▶ 通过一报还一报，摆脱囚徒困境

最终获胜的是心理学家阿纳托・拉普伯特用FORTRAN这种计算机语言编写的程序。

这个程序究竟有多长呢？

100行？1000行？10000行以上？

不不不，实际上这个程序只有4行，是所有参赛程序中最短的一个。它的简单程度与随机程序不相上下。然而正是这个最短的程序取得了竞赛的胜利。它仅仅4行之长，却胜过了其他14

个程序，这太令人意外了。

拉普伯特的程序使用了“一报还一报（tit for tat）”的策略。

①一开始，程序默认选择“合作”。

②如果对方选择“合作”，那么下次程序也选择“合作”。

③如果对方选择“背叛”，那么下次程序也选择“背叛”。

④如此反复。

为什么程序只写了4行？因为它就这么简单。

如果仍有读者认为4行太短了，这个程序根本没法在4行里完成，那么笔者再以别的表达方式进行说明吧。该程序的策略不过是模仿。若你想要更简单明了的讲解，那么请你继续阅读下面的内容。

①一开始，程序默认选择“合作”。

②程序重复对手上一回的选择。

这样一来，对方选择“合作”的话，自己下一回也选择“合作”；对方选择“背叛”的话，自己下一回也选择“背叛”。这个程序的策略就是如此。

问题4-5 一报还一报策略练习

请在下表中填写拉普伯特的程序的做法，并计算得分。

A	B	
	合作	背叛
合作	A：3 B：3	A：0 B：5
背叛	A：5 B：0	A：1 B：1

回	程序	对手	得分
1		合作	
2		背叛	
3		合作	
4		合作	
5		合作	
6		背叛	
7		合作	
8		合作	
9		背叛	
10		背叛	
		合计	分

拉普伯特程序的做法是什么，大家应该很轻易就能填好吧。第一次是合作，接下来都只是重复对手上一回合的选择。

表格如下，总分是23。

回	程序	对手	得分
1	合作	合作	3
2	合作	背叛	0
3	背叛	合作	5
4	合作	合作	3
5	合作	合作	3
6	合作	背叛	0
7	背叛	合作	5
8	合作	合作	3
9	合作	背叛	0
10	背叛	背叛	1
			合计 23 分

这么简单的程序真的能在竞赛中获胜吗?

其实一报还一报程序的最终平均分是504分，对比其他程序的最终平均分也只是险胜。哪怕在和自己对战时，一报还一报程序的得分也不过才600分。但是它的最终平均分是所有程序中最高的。

此外，在它和随机程序对战时，它的最终平均分是441分，而两个随机程序对战时最终平均分是450分，两者可以说十分接近。另，一报还一报程序的最低得分是在和第12个程序对战时，当时得分是225分。它能够以这么低的分数取胜，究其原因就是其他的程序太弱了。排名第二的程序的最终平均分也不过是500分，第三是486分，第四是482分，第五481分。

而排在倒数第一的随机程序的最终平均分是276分。它只有在和一报还一报程序对战的时候显得十分强势，得了442分。

一报还一报程序在和随机程序对战时，尤其处于弱势。

最后，再讲讲最让人吃惊的一件事吧。

一报还一报程序在与任何程序对战时都没有胜出！

对战时，它要么输给对方，要么与对方和局！

它虽然无法战胜对方，但在输掉的时候失分较少。

总而言之，这个程序也是最小最大策略的一种。

4

一报还一报是否是囚徒困境的最佳解决法？该法并非最有力，却能使使用者最终取胜

一报还一报策略就是先合作，然后如果对方选择了背叛自己，自己立刻就背叛回去。这的确是最佳做法。

在当今社会，人与人之间的长期交往总是要以合作为基本态度。接着，若是对方背叛了自己，自己也背叛回去，不要犹豫，一定要在对方还没忘记他选择了背叛的时候，立刻就以牙还牙。

这个一报还一报策略的基本方针因阿克塞尔罗德的竞赛而得以明晰，拉普伯特的实验也因此而名声显著。

又因为取得最终胜利的程序是一个仅写了4行的程序，这实在是令人难以置信，所以第二次比赛开始了。

第二次比赛的参加者是62个程序和一个随机程序，共计63个程序。真是盛大的比赛啊！

但是，一报还一报程序又获胜了。

拉普伯特的一报还一报程序仍旧没能胜过任何一个程序。

它和39个程序和局，输给了剩下的23个程序。甚至它和排名倒数第一的程序对战的时候只得了100分。但即便如此，单论总分，一报还一报程序依旧是最高的一个，它以微弱的优势胜过了排名第二和第三的程序。

到了这一步，学者们也不得不承认一报还一报程序的确是最强的程序了。

参加者们编写程序的时候都想着“一定要胜过那个一报还一报程序”，至少也想着“要跟一报还一报程序和局”。因为他们的对手是个非常简单的程序，因此大家基本都是已经做过了实验，再来参加竞赛的。

那么为什么他们编写的程序没能取得第一名呢？

理由很简单。针对一报还一报的程序的确是克一报还一报程序的，但他们与一报还一报程序以外的程序相比就显得弱势了许多，因此它们在总成绩上落后了。

▶ 看总分的话，还是一报还一报最强

一报还一报程序没法胜过任何程序，也经常输给其他程

序。但是从长远角度看，使用这个策略的人才是笑到最后的那个。

与之相反，能胜过使用一报还一报策略的人，或许会是成绩最差的人中的一个。他们虽然能胜过实力强大的对手，但却会在总分上落了下乘。一报还一报策略看重的是合作，该策略很简单，却最实用。它是个**无法战胜任何人，综合看来却实力最强**的高级策略。大部分的人都没法容忍被它凌驾的屈辱吧。

在那之后，各地又进行了各种竞赛，在那些竞赛中又出现了先容许对方背叛三次，之后再还一报的策略。经过多次对战后发现，这个三报还一报策略的表现比一报还一报策略还要好。

不管怎么说，请不要忘记，合作是逃脱囚徒困境的基本态度。

以及，大家若被背叛了，就一定要背叛回去，教给对手背叛的风险。毫无抵抗的策略是无翻身的可能的，从不抵抗的人甚至会被最弱的弱者打败。

▶ 人与人之间的囚徒困境结果如何

研究者们不只在计算机程序间试验过囚徒困境，也曾在人与人之间做过囚徒困境的实验。比起计算机程序间的结果，人与人之间的实验结果更倾向于“非合作”。

在某个实验中，人们背叛对方的概率高达50%；在实验的后半节，背叛的倾向更高，达到了65%。

很多报告中都有提及，经济学科的学生们比起其他专业的学生们更易背叛。似乎是经济学科的学生们哪怕已经知道了囚徒困境的结果也一定会选择背叛。或许是因为若不选择背叛，他们就体会不到参与博弈的真实感吧。

第五章
为了打开局面，要改变规则

逃脱囚徒困境的方法颇有失败主义的风格，给人以悲观的印象。若完全按照博弈的规则对战，结果的确会如此。但是，若你绞尽脑汁改变博弈规则，状况往往会彻底改变。

本章将介绍如何通过改变博弈规则，打开局面。

1

改变规则就能在博弈中胜出吗？在规则变换之时，发现胜机

著名投资者乔治·索罗斯曾说：“游戏规则改变之时，就是大赚的机会。”

1992年，索罗斯大举放空英镑，尽管英国的中央银行——英格兰银行力挽狂澜，也未能阻止英国镑如雪崩般的跌势。

索罗斯获得了被称作“史上绝无仅有”的利益，狂赚一笔。而“英镑危机”正发生在博弈规则改变之时。

博弈的精髓就在这里。博弈规则改变之时、之处，或许潜藏着自己未曾想过的机遇。

只是，在大多数博弈论的讲解书中从未对改变博弈规则进行过系统讲解，这些书都将这一部分内容当作博弈论的补充

部分，简单地一提便过。这太遗憾了，这就跟讲解实用博弈论时将精华部分省略不讲一样。因此，本章将着眼于改变博弈规则，探讨制胜之法。

2

如何改变博弈规则？将博弈（问题）拆解

或许会有读者觉得“我根本没有那个能力去改变博弈规则”。其实并非如此，改变博弈规则，实际上十分容易。

改变博弈规则的基本做法就是**将问题拆解**。这是在这本书一开头笔者便介绍过的基本原则，也是最重要的原则。

比如，前一章讲解的**囚徒困境是同时博弈**。它要求博弈双方同时做决策，并彼此比较得分。在博弈论的基本定理一节讲解过的**最小最大策略也和同时博弈相关**。它同样是因为博弈双方必须同时做决策，所以才不得不采取不怎么可靠的概率策略。

但是若将这些博弈全部变成序贯博弈，结果会如何呢？接下来我们来看一个**同时博弈→序贯博弈**的例子。

问题5-1 分蛋糕

有一对关系不怎么好的姐妹。就算妈妈买了两个蛋糕给她们，她们也总会为谁的蛋糕更大而吵架。

怎么才能让她们不吵架呢？比起让两个人一起选蛋糕的同时博弈，不如试着将博弈规则变成序贯博弈吧。

让这对姐妹中的一人切蛋糕，然后让另一个人选。首先让二人中的一人负责切蛋糕，并给她足够的时间将蛋糕切成她自认为的等分。

接着让另一个人随便选择自己喜欢的一半蛋糕。

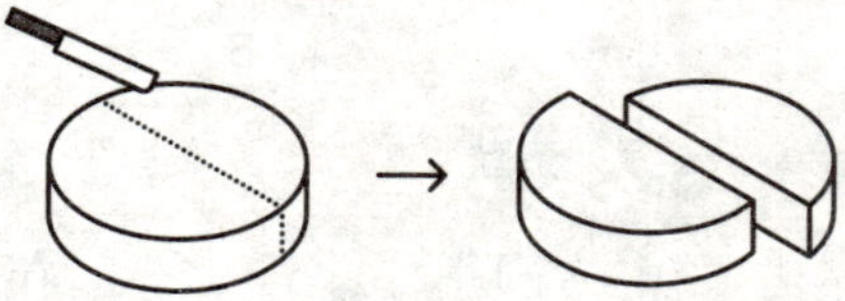

通过序贯博弈，两个人都能拿到让自己满意的蛋糕。这就像是智力游戏一样。但是实际上两个人还会因为谁来切蛋糕而吵起来（将问题再度切分得更细的话就会出现这个问题）。

因为两个人都还是孩子，所以这样一来，她们应该就都会满意了。至少，哪怕负责切蛋糕的孩子觉得不满意，她也能找到理由说服自己。这样看来，这个策略也还不赖。

▶ 如何改变囚徒困境的规则

接下来我们看一看如何在囚徒困境的情况下改变规则。

问题5-2 将同时博弈改成序贯博弈

你是A，正在“沉默”和“认罪”间游移不定。

这时候检察官出现并对你说“B终于认罪了”。

此时你该怎么做呢？

A	B	
	沉默	认罪
沉默	A：1年 B：1年	A：3年 B：0年
认罪	A：0年 B：3年	A：2年 B：2年

你也选择认罪为好。既然有“B认罪了”这个前提条件，那么你若选择“沉默”则会被判3年有期徒刑，但若选择认罪则会

被判2年有期徒刑，因此你只能认罪。

这个问题很简单，但我们还可以考虑得更深一些。你选择认罪，是因为B先认罪了。也就是说，在B认罪之前，你一直保持沉默。而且通过检察官的话“B终于认罪了”可以推断，B也遵循了同样的方针。

在这种情况下，游戏规则变得复杂，很难将各种情况用一个表格整理出来。

改变后的博弈规则如下所示：

①基本方针是保持沉默。

②对方若认罪，那么作为序贯博弈，你接下来也选择认罪报复对方。

这样一来，站在博弈者角度上看来，博弈升级成了高级博弈。博弈变得高级时，博弈者经常能够顺利找到打破困境的出路。

就这个问题而言，将博弈逐步拆解后可以得到上述①②两个步骤。通过分析，我们就会产生下面的想法：

将这个博弈拆解成①和②后，②不正是对认罪有震慑力吗?

没错。若对方选择认罪，那么己方就会即刻选择认罪报复回去。这样一来对方利益受损，认罪也会变得困难起来。从结果上看，博弈停滞在①的沉默上的可能性会变大。

现实中的博弈可以拆解为多个步骤。

假如在犯罪之前，你先威胁说：

“要是你认罪了，我就也认罪报复你。”

此时，该博弈是序贯博弈，你成了那个先发制人者。接着，正因为你将问题这般拆解开来，才能保证双方都选择沉默，获得相较之下对二人都更有利的结果。

3

如何改变规则，使之对己方有利？做出超出对手预测的选择

试着做几道将博弈规则由同时博弈转变为序贯博弈的例题吧，你会大有收获的。

在讲述博弈论的基本定理时，笔者曾提到过双人零和博弈。若能将之变为序贯博弈的话，后做选择的人会拥有压倒性的优势。

问题5-3 击球手与投手的序贯博弈

这道题和前面关于击球手和投手的题目一样。击球手的击球率如下表所示。

击球手	投手	
	投出直球	投出变化球
预测来球是直球时的击回概率	80%	0%
预测来球是变化球时的击回概率	10%	30%

投手按照同时博弈时的最佳投球比例投球（在问题2—11时曾计算过，投出直球与变化球的比例是3：7时，结果对投手最为有利）。

若击球手将博弈规则变为序贯博弈，那么该博弈可以被拆解为：

①投手先投球。

②击球手先看清投手投的是什么球，再挥棒采取对应措施。

此时击球手的平均击球率能达到多少？

若投手改变了投出直球和变化球的比例时，那么击球手的平均击球率会降到多少？

击球手的平均击球率是45%。投手改变了投出直球和变化球的比例时，击球率会下降到30%。解说如下：

投手投出直球的概率是30%，因为击球手是先判断来球是什么球再采取对策的，所以击球手击回此球的概率是80%。同样，投手投出变化球的概率是70%，因为击球手是先判断来球是什么球再采取对策的，所以击球手击回此球的概率是30%。将两者综合，击球手的击球率就是：

$$0.3\times0.8+0.7\times0.3=0.45$$

可使用计算器计算。

与同时博弈时24%的击球率（参考问题2—10）相比，可以说序贯博弈时的击球率提升之大令人瞠目。

由于击球手击球率如此之高，会打破比赛的平衡性，因此投手会改变投出直球和变化球的比例。当投手全部投变化球时，击球手的击球率能降到30%。这是最低击球率，你明白了吗？

▶ 如何通过努力改变规则

通过提升个人的动态视力，或许就能使上述的序贯博弈成真。击球手必须要提升选球眼力[①]才行。如果一个人既擅长选

① 选球眼力：棒球运动中，运动员辨别来球是好球还是坏球的能力。

球，又擅长击球，那么他的击球率甚至能提升近一倍。

据说著名棒球运动员铃木一郎的选球眼力就非常高。这是可以通过博弈论推测出来的。

而投手若能完全看穿击球手对来球种类的预测，就能压制对方的击球率。每当换击球手的时候，投手投出直球和变化球的比例一般都不会有太大变动，但是再有名的击球手也一定有弱点，所以投手可以试着大幅改变投出直球和变化球的比例，说不定会有意外收获。

那么我们再做一个练习题吧，请好好动脑思考。

问题5-4 下一代产品的开发策略

A公司和B公司在为下一代产品的开发进行竞争，于是双方不得不考虑过度竞争的风险。

通过察看揭示双方关系的表格，B公司注意到，当本公司开发下一代产品的规模是“小”的时候，A公司开发规模也是“小”才对A公司最有利；当B公司开发下一代产品的规模是“大”的时候，A公司开发规模最“小”才能让A公司避开最糟糕的后果。

A	B	
	小	大
小	A：最佳 B：不佳	A：不佳 B：最佳
大	A：佳 B：不佳	A：极差 B：极差

也就是说，A公司总会选择“小”。在A公司选择“小”的时候，B公司选择“大”才能让利益最大化。

A公司深陷困境！但是对A公司来说，有没有能让自己奇迹大翻身的策略存在呢？请试着从改变博弈规则，将同时博弈变为序贯博弈的角度思考。

若A公司将博弈变为序贯博弈，抢先发表声明：“不论B公司的下一代产品开发是什么规模，我国都将大规模开发下一代产品。”那么B公司便只能在表格的最下面一行里做选择。

此时B公司若选择小规模开发，则结果为“不佳”；若选择大规模开发，则结果为“极差”：因此B公司只能选择小规模开发。

而A公司却可以让本公司的下一代产品开发得到“佳”的

结果。

正所谓进攻就是最好的防守，A公司的先发制人可谓是发挥了最大功效。

这个问题特殊就特殊在对A公司而言，选择小规模开发是最优策略，然而A公司却舍弃最优策略，选择了非最优策略，却也正因此，A公司才为自己杀出一条活路。

智力题中总会出现类似的设定，但是请不要忘记，故意选择非最优策略有时候反而是妙计。当然，也请不要忽视，敌方也有选择类似妙计的可能。

第六章 了解平衡，打破平衡

使用博弈论思考时，某种程度上能预判得出自己输赢各有几分可能。基础博弈论的结论就是，明知道结果却无法改变的那一点就是平衡点。

只是，一直停在平衡点上不动也有利有弊。在实践中，打破均衡点的思考方式十分必要。本章将向大家介绍初级博弈论中较为复杂的部分。

1

纳什平衡，在彼此最努力的条件下达到平衡

假设使用某种策略的时候能计算得分的话，那么每当策略改变，得分一般来说也会随之改变。

那么得分会如何变化呢？或许有时候会提升，有时候会下降。没有谁会希望自己改变策略后得分反而下降了。一般而言，大家都会希望得分越高越好。

当事情到了某一步，哪怕改变了策略，得分也无法提高，这就是均衡点。一般而言，均衡点这个概念要通过**双人零和博弈**来讲解。

均衡点这个概念看起来有些晦涩。的确，比起前面的内容，这一章和数学的交集更多些。不擅长梳理复杂概念的人，跳过本章不读也没关系。

我们进入正题吧。如果笔者再提出别的博弈，恐怕大家会更觉得混乱，因此这里依旧用投手和击球手的例子来讲解。请大家按照双方遵循同时博弈的规则来进行思考。我们从复习开始。

问题6-1 击球手和投手的做法

击球手和投手对阵时，双方关系如下表所示：

击球手	投手	
	投出直球	投出变化球
预测来球是直球时的击回概率	80%	0%
预测来球是变化球时的击回概率	10%	30%

击球手预测来球是直球时的击回概率、投手投出直球的概率各是多少时才能达到最佳？

分别是20%、30%，对吧？关于击球手请看问题2—10，关于投手请看问题2—11。

采用概率策略的话，击球手的击球率会稳定在24%。正如我们前面提到过的，概率变化呈马鞍形。这种策略被称为“最小最大策略”。概率上升时也好，下降时也好，都是均衡的。

击球手预测来球是直球还是变化球的比例与最佳比例偏离时，投手会改变投出直球和变化球的比例，以降低击球手的击球率；投手投出直球和变化球的比例偏离最佳比例时，击球手会改变对来球是直球还是变化球的比例的预测，以提高自身的击球率。

双方都拼尽全力是形成平衡点的前提。

▶ 所谓平衡是何种状态

上述的平衡状态被称作“纳什平衡”。这个概念的提出者约翰·纳什因其对博弈论做出的杰出贡献而获得了诺贝尔经济学奖。纳什平衡是博弈论的代表性概念之一。

准确地说，纳什平衡是当除自己以外的博弈者都采取了平衡点策略时，自己也不得不采取该策略的状态。只是，有几点需要注意：

①不能只有一方独占鳌头。

在击球手和投手的例子里，投手投出直球和变化球的比例是3：7的时候对投手最有利。此时击球手的击球率为24%。但是当投手投出直球和变化球的比例偏离了最佳比例时，就有可能让击球手的击球率下降。

②己方偏离均衡点，己方不得利的状态。

己方偏离了均衡点，己方的得分上升，这并非对己方而言的最佳状态。

③一般而言，己方偏离均衡点，对方得分会上升。

己方偏离均衡点时，己方的得分或下降或不变，对方的得分或上升或不变。这才是对己方而言的最佳状态。

笔者特意讲解了这么复杂的问题，但是在博弈者双方不合作的非合作博弈中，一般而言总会存在至少一个纳什平衡点（其他烦琐条件省略）。这就是非合作博弈的基本理论。

▶ 纳什平衡也并非完美

这个部分如此复杂是因为它缺点太多了。

问题6-2　击球手与投手的纳什平衡

在击球手和投手的例子中，最佳状态就是纳什平衡点。

那么当对方保持纳什平衡而己方却偏离纳什平衡的时候，己方的获利会减少吗？

击球手	投手	
	投出直球（3成）	投出变化球（7成）
预测来球是直球时的击回概率（2成）	80%	0%
预测来球是变化球时的击回概率（8成）	10%	30%

不会减少。关于击球手的最佳状态请参看问题2—10，关于投手请看问题2—11。大家重新复习一下就会明白了。采用这种概率策略的话，只要对方不偏离纳什平衡，那么就算己方再怎么偏离，也不会对结果产生影响。

比如，投手在纳什平衡点的时候，不管击球手再怎么做极端的“对方投球全是直球”或者“对方投球全是变化球”的预测，他的击球率也总保持在最高的24%。

然而这个问题也好，“马鞍形”的问题也罢，实际上在现实中情况要更为复杂多变。哪怕是在零和博弈这种纳什平衡点的代表性场合下，情况都会极其复杂，用纳什平衡点理论或许难以解释清楚。

还有，就像前面问题2—8至问题2—11中计算过的一样，己方一旦偏离了纳什平衡点，对方就会采取极端策略，改变击球率。但是纳什平衡理论中并不包含己方偏离平衡，对方也会随之偏离平衡的概念。（下一节会讲述包含博弈双方相互作用的帕累托最优。）

接下来我们来看下个问题。

问题6-3 因徒困境和纳什平衡点

下面是描述囚徒困境的表格。受刑年限也记在表内。

A	B	
	沉默	认罪
沉默	A：1年 B：1年	A：3年 B：0年
认罪	A：0年 B：3年	A：2年 B：2年

“沉默—沉默”与“认罪—认罪”，哪一个才是纳什平衡？

是“认罪—认罪”。因为表格内写的是受刑年限，因此数字越大，损失越大。

在“沉默—沉默”的情况下，如果A从“沉默”改为“认罪”，那么A的受刑年限会从1年变为获得释放。

而在“认罪—认罪”的情况下，A若选择沉默则受刑年限会从2年增加到3年，B若选择沉默则受刑年限也会增加，双方都会受损。因此它是纳什平衡。另外，在纳什平衡的条件下，若A再选择沉默，B会得到释放，情况对B有利，但这并不违反纳什平衡的定义。

大家应该又意识到了纳什平衡存在的问题。囚徒困境的纳什平衡点是“认罪—认罪”。经过双方共同努力，平衡点竟然不是让双方都受刑1年的“沉默—沉默”，而是让双方都受刑2年的“认罪—认罪”……

纳什平衡是纳什最有名的成果，他也因此获得了诺贝尔经济学奖。但是他的理论却连在如此出名的囚徒困境中都毫无用武之地。

实际上，博弈论体系中充满了矛盾。笔者之所以将纳什平衡拿出来说，就是为了说明这一点。

此外，许多博弈论教科书中，都没有对这几点进行简明讲解。许多书不过是稍微一提便罢。

但是，笔者希望大家知道，博弈论正因其充满了矛盾才能让形势出现大逆转成为可能。纳什平衡的缺陷就在这里。

2

根据整体合理性提出的平衡——帕累托最优

在经济学中有一个概念名为“帕累托最优”，它是意大利经济学家维尔弗雷多·帕累托于20世纪初首次提出并定义的。帕累托最优与纳什平衡不同，它的目的是寻找所有人不管怎么动都不影响结果的最佳状态。

如果与现在的状态相比，要增加己方获利，就只得减少他人获利，那么这种状态就是帕累托最优。

问题6-4 囚徒困境中的帕累托最优状态

请寻找囚徒困境中的帕累托最优状态。

帕累托最优是“沉默—沉默”。与“沉默—沉默”相比，若想选择认罪，减少自己的受刑年限，结果就只得让他人的受刑年限增加，因此这是帕累托最优状态。然而在“认罪—认罪”的状态下，如果双方都选择沉默，两个人都能减少受刑年限，就不是帕累托最优。

因此，“沉默—沉默”是帕累托最优，而“认罪—认罪”不是。

A	B	
	沉默	认罪
沉默	A：1年 B：1年	A：3年 B：0年
认罪	A：0年 B：3年	A：2年 B：2年

▶ 帕累托最优也并非完美

帕累托最优是考虑**整体合理性**的概念。从概念上来看，帕累托最优的确具有优势。

在博弈论领域，各方关于哪个概念更具有优势尚未达成一致。因此在“哪个方案更好”这种根本性问题上，研究者的想法各有千秋，就像囚徒困境的参赛程序那样，帕累托最优的参赛程序也有几十个那么多。

于是，世上便时常会出现事物迟迟不见定论的情况。在接下来的章节中，也会提到一些用帕累托最优无法解决的博弈问题。

3

货币的升值和贬值各有利弊

美国经济学家莱斯特·瑟罗在1980年出版了一本十分有意思的书——《零和社会》。它警示人们“不能再安于现状”“再无改革的热情”“所有人只愿己身长富贵”的社会的到来。

以当代日本为例，我们探讨一下日元升值与贬值的问题。当日元开始升值时，媒体就会变得敏感：“糟了，经济不景气了。”

那么当日元开始贬值的时候呢？只要经济尚未从日元升值带来的经济不景气中恢复过来，媒体依旧会议论：“糟了，经济不景气了。”那么此时日元汇率是处在最优的平衡点吗？

其实当汇率向着如今的状况变化之时，媒体也是这样议论的：“糟了，经济不景气了，这样下去日本就完了。”

为什么当初被称为“这样下去日本就完了”的状态，现在反而被当作是最优呢？

这就是博弈论的“骗术”了。在现代，一旦事情维持在某个状态不动，人们就会厌恶变化的发生，而这反而会导致事物的僵化，正应了《零和社会》一书中的警示。

问题6-5 获利的博弈者和受损的博弈者

我们来考虑一下日元升值、日元贬值的汇率问题吧。

依赖出口的工商业从业者在日元贬值的时候才会更赚钱。东西同样都卖1美元，但在日元贬值的时候，用这1美元能换到更多的日元。

但是，依赖进口的工商业从业者则在日元升值的时候会更赚钱。同样是买1美元的东西，在日元升值的时候，他们可以用更少的日元将其买到手。

①日元升值时，哪一方的工商业从业者会更为不满？

②赚了钱的从业者会把自己赚到钱的事公开说出来吗？

①的答案是依赖出口的工商业从业者，②的答案是他们会尽可能隐瞒自己赚到钱的事。依赖出口的工商业从业者有可能会因日元升值而遭受损失。日元一旦升值，他们便会想在海外抬高商品价格，但这样一来商品的海外竞争力就会下降。既然价格基本不可能抬高，他们的获利就会减少。

但是对于那些依靠进口的工商业从业者而言，他们在海外可以用更少的日元买到同样价格的东西，日元升值对他们来说是收益增加的要素。但是若他们将赚到更多钱的事公开说出来，就会给国内带来降价压力，因此他们会尽可能晚说或者尽量不说。

日元升值和贬值的典型反应基本如上。感到不满之人会频频发表意见，媒体也会报道许多这样的不满，结果就是不论日元升值还是贬值，社会上总会出现不满的声音。

而获利的一方则会尽可能不将自己的看法公之于众，他们会尽可能保持沉默，以求舆论攻击的矛头不对准自己，因此世人很少能看见关于日元升值或贬值的积极意见。

以上都是一般性的表现，但事有例外。当政府为了刺激经济成长而颁布譬如引导日元贬值之类的政策之时，人们就很难听见负面的消息了。

▶ 损失的再分配是零和社会的宿命

《零和社会》的作者瑟罗提出了“损失的再分配”的概念。这个想法颇为重要。

社会渐渐失去成长能力是零和社会的典型特征。当某人获利，一定会有某人相应地受损。日元汇率上升或下降是因为平衡点移动了或博弈规则改变了。这种时候就不单单要解决利益再分配的问题，更要解决损失再分配的问题。这是零和社会的宿命。

但是谁都不希望损失被分配。因此不得不遭受更多损失的人会一起表达不满。结果就是，每当事态将要离开平衡点时，所谓的抵抗势力就会激烈地抵抗，于是事态总是维持原状，许久都动不起来。

抵抗势力如此之强的原因是社会变得沉闷而无生气，世人变得保守，更多的人想要维护自己的既得利益。虽说“不患寡而患不均”，但实际上谁都不想遭受损失。这就是零和社会的大问题。

然而在经济高速发展的时代，就算平衡点动了，就算博弈的规则变了，整体看来社会上人们的获利都在增加。因此哪怕有人获利多，有人获利少，但基本上无人遭受损失。

之所以经济高速发展的时代才有接受变化的底气，是因为在这个时代只涉及利益的再分配，几乎不会涉及损失的再分配。

但在零和社会的条件下，不论社会想要朝哪个方向变化，抵抗势力都会举起反对的旗帜，抵制变化。世上诸多国家都在朝着零和社会变化。因此本章的主题“平衡”和寻找打破平衡的对策尤为重要。

4

如何打破平衡？通过努力，走出一条活路

谁都希望跳出平衡点，增加己方获利。

那么应该怎么做呢?

在囚徒困境的条件下，双方都选择背叛就会达到一个平衡点。若要跳出这个平衡状态，则双方都选择合作就会增加彼此的利益。

在击球手和投手的零和博弈状态下，一般而言打破平衡的方法是磨炼自己的技术。简单来说，就是让表格里的数字进一步变大。

问题6-6 练习成果

根据击球手的练习成果，当来球是变化球的时候，如果他预测对了，他的击球率就会像下表所示，提高到50%。

击球手	投手	
	投出直球	投出变化球
预测来球是直球时的击回概率	80%	0%
预测来球是变化球时的击回概率	10%	50%

此时，他的最佳击球率是多少？

大约是33%。使用计算器计算也没关系，或者通过画图也能大概得到这个答案。擅长数学的人也可以根据下图，列方程计算。

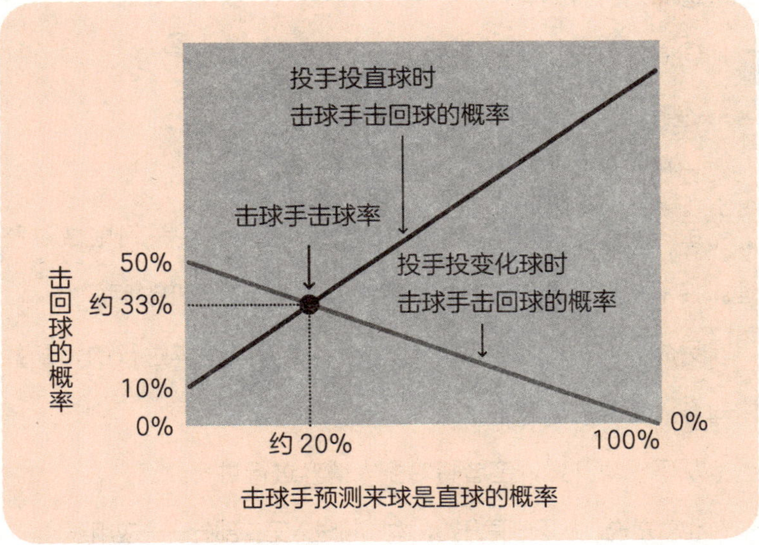

▶ 打破平衡的其他方法

除此之外，要打破平衡还有将同时博弈变为序贯博弈等改变博弈规则的方法存在。这个方法在上一章已经说明过了。

如果不断寻找的话，要跳出平衡点，打破现在的平衡，还是有不少方法的。

同时，有许多理论可以指导人们有组织地跳出平衡点，打破平衡。

比如：

①和对方合作。

②和对方谈判。

③向对方支付报酬或提出请求，改变博弈的局势。

④将博弈论的结果反过来利用。

诸如此类。

至今为止，笔者还未曾将讲解过的方法从头到尾做过整理。接下来，笔者将对各种使用的方法加以整理和说明。

另外，至今为止的讲解都是围绕着双人博弈进行的，却并未对多人博弈加以思考。

从下一章开始，笔者将对多人博弈进行讲解。

也就是说，从下一章开始，本书将进入第二部分——应用部分。

第七章 逆转局势所需的智计

博弈论的学习已逐渐进入正轨，在应用部分的开头，我们先用关于彻底逆转局势的智力题热个身吧。

这里介绍的许多智计曾经都是颇为著名的智力题。就像是在职业棒球比赛中会出现通过掩球欺骗跑垒员令其出局的情况一样，智计也会对博弈的局面产生重要影响。大家就当是解智力题，放松心态就好。

1

如何将逻辑逆转？善用水平思考

爱德华·德·波诺曾在其《水平思考的世界》一书中指出，一般人们的思考方式是垂直思考，它是一种“如果A就会B，如果B就会C，如果C就会D……”的思考方式；然而水平思考则是一种从另一个角度审视逻辑链并采取全新行动的思考方法。

博弈论可谓是这种引发新思考的宝库。在与人博弈时，这种新的想法极其重要。

我们来看一看爱德华·德·波诺的书里最开头提到的问题吧。他使用了一个颇为古典的关于逻辑逆转的题目。

问题7-1 选石头

曾经在伦敦有一位商人，他向万恶的放贷人借了一大笔钱，不知如何是好。放贷人看上了他美丽的女儿。于是放贷人提议玩游戏。放贷人在皮袋里放了一颗黑色小石头、一颗白色小石头，他让商人的女儿从里面取一颗石头出来。

如果她取出了黑色石头，她就要嫁给放贷人，她父亲欠的钱一笔勾销。

如果她取出了白色石头，她就可以和父亲一起生活，她父亲欠的钱也一笔勾销。

当然，放贷人提出这个游戏的本意并非行善。放贷人将商人和他的女儿叫到铺着石头的院子里，从院子里捡起石头并放进了皮袋，但阴险的放贷人手里握着的两颗石头都是黑色的，商人的女儿看得一清二楚。

如果她拒绝这个游戏，她的父亲就会被送进监狱。她该怎么做呢？

如果她装作不小心，把从袋子里取出的石头丢在铺满石头的院子里，就找不到丢掉的石头了。然后她再这样说：

“请看一看袋子里剩下的石头吧，我选的石头的颜色和里面的石头颜色相反。”

因为袋子里的石头一定是黑色的，因此她选的石头就是白色的。真是一个完美的反转。

这道智力题似乎看起来有些偏离主题，但一般而言，世上的逻辑也就是“黑还是白”“真还是假”“0还是1”，因此，这类小计策也可用于实际生活之中。

▶ 为了逆转局势，要将问题拆解

或许有人对这道题的细节部分有所疑问。我们再来分解看一看。

首先，应该有很多人觉得既然放贷人做了缺德的事，那干脆把这些事揭露出来不是更好吗？但是将这些事揭露出来对女儿来说并不是好事，甚至可以说，对她而言非常不利。毕竟如果放弃了这个机会，她的父亲就会被送进监狱。

前面提到，拆解问题非常重要。该题的结构如下图所示。大家仔细看一看这个图，就能理解了。

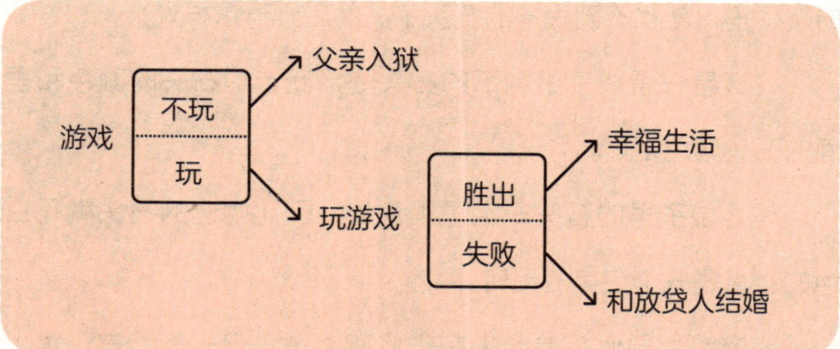

或许还有人在意另一个小问题，就是那颗被丢掉的石头，如果它被找到了怎么办？这只是一道智力题，倒也不必那么细致……

若依旧有人对这一点非常在意，那么笔者这样回答吧——对于这个小问题，女儿可以使用非常手段，选择把石头吞下去，也不是不行。

什么？这么做太不符合常理了？绝非如此。哪怕是在现实中，有时也会发生诸如将证据吞下去的事情哦。

2

是否少数方更有优势？做出打破供求平衡的选择

接下来是关于是否少数一方更占优的博弈。由于这是一道智力题，因此它的设定有些滑稽，但它在现实中有发生的可能。

问题7-2 左右脚鞋子游戏

A是专门做右脚鞋子的工匠。别的工匠手里有左脚鞋子。单只的鞋子没什么价值，只有将鞋子凑成一双，才能卖1万日元。

A要卖10双右脚鞋子，别的工匠合起来一共有10双左脚鞋子。但是这些工匠串通好想要A把右脚鞋子便宜卖给他们，于是他们说：

“一只鞋给你1000日元，总比卖不出去好吧。”

如果A真的按他们说的把鞋子卖给他们的话，他们每双鞋能挣9000日元，只有A获利少了。

而鞋子只有凑成一双才能卖1万日元。A想，自己至少一只鞋得挣5000日元才行。

那么A该怎么做呢？

答案是：毁掉一只鞋子，卖掉其余的9只。A在其他工匠面前毁掉1只右脚鞋子，然后这么说：

“一只鞋给我9000日元，不买的话，你们就一分钱都挣不到。”

其实这个问题和“0还是1”的逻辑是一样的。也就是说，这个博弈是关于迅速改变自身状态的博弈。

一开始A的状态是获利无限接近0，并被逼着接受比起获利为0，能多挣哪怕一点儿也行的条件。

但是在A毁掉了一只鞋子之后，他让自己的状态迅速变为获利无限接近1万日元，局势迅速逆转了。

▶ 利用供求平衡的变化

这里的逻辑也和“0还是1”类似，同样是关于选择哪个极端的博弈。类似现象在生鲜市场也存在。比如说，农民多种了10%或20%的蔬菜，将它们运到了批发市场去，这就是供给过剩的状态。

一般而言，在这种情况下，蔬菜的价格甚至有可能暴跌50%。市场会变为买方市场，卖方的获利会被降低到最少，甚至被逼到即便是赔本也得卖的状态。

然而，在极端天气后，市场的进货量会减少10%到20%，此时市场会一下子变成卖方市场，蔬菜的价格甚至会暴涨50%。

在生产过剩，农民们拿不出运费时，甚至有过将作物扔掉的行为。这样一来农民们送出的作物量会减少，市场情况会恢复正常。

在制造业领域，生产调整、库存调整极其重要。

3

如何在商业谈判中不被骗？通过两步走，让己方处于优势地位

商业谈判也是一种博弈。在很多情况下，己方必须防备不被对方下套。

比如下面这个问题。这里所使用的手段其实颇为常见。

问题7-3 专利的独家授权协议

新兴的A公司在拿到优秀的基本专利的时候，有着和A公司的专利相对立的专利的B公司提出：

“能否让我们得到贵公司专利的独家授权？若我们使用了贵公司的专利，便会向贵公司支付高昂的授权费。”

B公司是著名的大企业。A公司的总经理认为，让B公司制造产品的话，A公司就能拿到高昂的授权费，这对A公司而言有利而无害。

“那真是太好了，我们一定接受。”

他的做法真的正确吗？请认真思考。

最好再多做考虑为好。这是商业谈判中的常见手段，“若是使用了专利”是个坑。

不幸的A公司天真地以为今后能通过B公司支付的高昂授权费获得高速发展，签下了协议书。

但是，不管他们怎么等，也终究没等到B公司支付的授权费。

“你们为什么不支付授权费啊？”

“因为我们没使用你的专利啊！我们在用我们自己的专利制造产品。”

“那你们什么时候会用我们的专利？”

“还不确定。”

A公司的总经理想了又想，终于想通了：

“这是‘专利买断’的手段啊！”

就是说，B公司通过与A公司签订专利独家授权协议，封住了B公司以外的公司使用该专利的可能，同时又不使用A公司的专利。这样B公司没花多少经费就基本封住了竞争对手使用专利与自己竞争的可能。

这实际上是非常常见的手段，笔者也曾耳闻海外的公司拿着这样的协议上门的事情。请务必小心。

想要破解这种花招也很简单。首先提出高昂的协议费，同时再要求对方按年支付高昂的基本授权费，哪怕对方不使用己方的专利，基本授权费也照收不误。只要能和对方签下一个“哪怕对方不用我的专利，我也不会有损失”的协议就好了。

如果能再提出要求说这个协议不是独家的，估计B公司就会夹着尾巴逃得远远的。

▶ 如何在企业收购博弈中取胜

TOB（Take Over Bit，要约收购），是企业收购的常用手段。它在1971年被引入日本，1990年法案的修改使它更容易被使用，于是在那之后TOB逐渐增加。

在生物学界和IT界这种尖端技术领域，若要整个购买某个企业的技术和人才，TOB十分实用，可以说极具战略意义。

在企业收购中人们可以使用各种博弈论方法。接下来的问题就是一个例子。

问题7-4 两步走的收购策略

A公司想要收购B公司。B公司现在的股价是每股800日元，但是A公司觉得B公司每股其实值1000日元。

但是如果直接找B公司的股东谈判，他们不一定愿意卖了手中的股票，甚至还可能将价格抬得极高。

A公司的总经理陷入思考。

“对了，采取两步走收购作战法吧！”

那么，这是怎样的作战法呢？

在这种情况下，可以采取这样的方法：现以每股900日元的价格收购股票，以后再收购就每股800日元。

“如果现在你卖了股票，我愿以每股900日元的价格收购；如果你现在不卖，那以后我就只能以800日元以下的价格收购了。”

A公司的总经理给B公司的股东们发了这样的信息。很多B公司的股东认为如果现在卖出股票的话，就能以高于市场价100日元的价格卖出去，现在卖更划算，于是都答应了A公司的要求。对A公司而言，他们估计B公司的股票每股实值1000日元，现以每股900日元的价格收购成功，自己反而是占了便宜。

还有更悲惨的收购案例，比如，某个公司的股票在该公司高层们不知情的情况下被收购，最后公司被他人夺走之类的。若要防止类似事件发生，可以通过第三方配股增资，短时间内提升股数。

不过，由于在2000年左右恶意囤积的案例时有发生，日本完善了法规制度，使收购规则更加健全。

4

能否在博弈中笑到最后？模仿对方，则必胜无疑

博弈中有时候会发生这样的事：某一方看起来一路顺风顺水，却在最后因判断错误而满盘皆输。

为了避免类似情况出现，了解如何才能笑到最后很有必要。

问题7-5 让人必胜的模仿作战

博弈达人A运气很好，在游戏中暂时排名第一，手里握有1200金的筹码。

排名第二的B手里握有800金的筹码。其他游戏参加者手里渐渐没有了筹码，最后只剩下A和B一对一决胜负。

于是B这样考虑：我堵上我的全部筹码，然后一举将局势反转吧。他打算把所有筹码押在下一局小球会停在轮盘的黑色还是红色上，只要押对了就能拿到1600金，他就能赢了A。于是B

喊道：“红色，800金！”他想，都已经到最后这一步了，A大概不会再像他一样这么大胆了吧。

这时A偷笑了一声。

A预测到，自己必胜无疑。为什么他会做出这种判断呢？

因为A知道只要和B采取同样的方法，自己就必胜无疑，所以他才笑了出来。

B将自己的800金押在了红色上，那么A也在红色上押800金。如果押中了，二人都能赢800金，也就是说这时A手里就握有2000金的筹码了，此时自然他会赢了B。

但如果两人都猜错，那么两人都会赔800金，此时A手里还剩下400金，他仍能赢B。

▶ 模仿是必胜策略之一

模仿是必胜策略之一。它是博弈论中最基础一个策略，因此很多人都对它有所了解。

为了让身处劣势者有翻身的可能，一般而言，会要求胜的一方做先手，这样输的一方就会采取和前面的人不同的行动。

据说某本博弈论书籍的作者曾坦白，他对这个基础策略并不了解，结果最后在博弈中输掉了。

另外，A只要将400金以上的筹码押在红色上就足够了。毕竟只要A手里剩下的钱比B剩下的多就好，因此A可以选择更为保守的方案。

第八章 通过投票，逆转商业局势

投票表决常被用于商业的表决、选拔之中。在博弈论的投票表决中存在某种悖论。

悖论经常会带来预想不到的结果，因此各位读者只需享受趣味就可以了。但是，若这里的内容被灵活应用，或许能产生逆转局势的结果。

1

如何利用连续投票进入董事会？掌控投票表决

一般而言，若某件事是通过投票表决决定的，那么这件事就会给人以难以改变的印象。但实际上通过投票表决得出的结论也不一定就是绝对的，它的秘密就藏在**连续投票表决**里。

能在连续投票表决中胜出的人，并不一定就是最强的。

问题8-1 连续投票表决中的悖论

A、B、C三人是下一届董事的候选人，他们中有一人会被选入董事会。

董事长、总经理、大股东三人要决定选谁进入董事会，但他们的意见一直不统一。三人关于A、B、C的推荐顺序如下表所示。

排名	董事长	总经理	大股东
1	C	B	A
2	A	C	B
3	B	A	C

这时董事长提议说：

“我们先通过投票表决，看A和B谁更合适，然后再让胜出的人和C比，依旧通过投票表决决定。”

大股东开始预测投票结果。董事长会在A和B比较的时候投票给A，因为董事长比起B更偏向A（请看上面的表格）。

但是，因为总经理心里B排名最靠前，因此他会投票给B。而大股东本人则会投票给A，因为A在大股东心里排名最靠前。这样看下来，最后就会由胜出的A和C比较。谁会最终胜出呢？

正确答案是C。原因是：董事长会投给C，因为C是董事长心里的第一人选；总经理也会投票给C，虽然在总经理心里C是第二人选，但A、C相比，他更偏向C；只有大股东会投票给A，因为大股东最看好A。这样一来投票表决时，C两票，A一票，C会被选进董事会。

类似于这样的投票表决乍一看似乎还比较合理，因为大家总是在以过半数的赞成票得出的结论推进事态进展。通过这种方式得出的结果几乎不可能被反转，而且这种方式和日本的合议制习惯也颇为相符。

而且投票表决是遵循民主的基本原则的决策法则，怎么会有人对它产生异议呢?

问题8-2 反转投票表决的结果1

大股东认为，若C当选，就正好符合了董事长的心意，可是他最不看好C。

“至少也得让我心里的第二人选B当选啊！”

这是大股东的心声。有没有什么方法能改变预测出来的投票表决结果，让B当选呢?

正确答案是，在第一次的投票表决里，大股东就给B投票。第一次投票时，董事长投给A，总经理投给B。那么此时只要大股东逆着心意将自己的票也投给B，B就会以2票对1票的优势胜出。而在第二次的投票中，董事长会给C投票，总经理会给B投票，大股东也按着心意给B投票（请细看表格）。

这样B就能以2票对1票的优势，将C淘汰。

排名	董事长	总经理	大股东
1	C	B	A
2	A	C	B
3	B	A	C

▶ 操控别人按着自己的想法选择

在刚才的问题里，大股东利用了谎言的作用。他通过逆着心意投票，最终达到利于自己的目的。

但是除了这个方法，还有其他更好的方法可以采用。

问题8-3　反转投票表决的结果2

大股东想到了更好的方法。

他提议："大家都认为B和C是实力上佳的候选人，那让他们先比才能得到更满意的结果，不是吗？"

社长和总经理无法对此提出异议，于是最先进行的是关于留下B还是C的投票表决。

那么最后被选入董事会的会是谁呢？

排名	董事长	总经理	大股东
1	C	B	A
2	A	C	B
3	B	A	C

会是大股东最看好的A。在对B、C二人的投票表决里董事长会给C投票，总经理会给B投票，大股东给也会给B投票。

B会以2票对1票的优势留下。接着再让A和B比，董事长会投票给A，总经理会投给B，大股东投给A。

因此最后胜出的会是A。

A会按照大股东的希望进入董事会。

2

投票悖论是什么？投票的原理和猜拳相同

前面提到的奇怪现象被称作“投票悖论”。

它远在古罗马时代就已为人所知，据说公元100年左右，政治家普林尼（也称小普林尼）就曾对这个问题深感困惑。

法国大革命时期的数学家、政治家孔多塞也曾面临这个问题。他是曾为《百科全书》[①]中经济学条目执笔之人。投票悖论也被称作“孔多塞悖论”。

《爱丽丝梦游仙境》的作者刘易斯·卡罗尔曾研究过投票悖论。他曾就投票悖论发表过3篇论文。

近年来，投票悖论被频频提起。

这个悖论的基本结构与“猜拳”类似，是由“A比B强”“B

---

① 《百科全书》：1751—1772年法国出版的百科丛书，全28卷，由狄德罗和达兰贝儿主编出版。

比C强”组成的。因此一般而言，人们会认为A比C强，但实际上这也并非绝对。比如在猜拳中，石头能赢过剪刀，剪刀能赢过布，但布却能赢过石头。

因此在猜拳里，石头、剪刀、布三者的强弱关系是“石头＞剪刀”“剪刀＞布”，但这种连锁并不一定会一直持续下去。

▶ 现实中的投票是怎样的

依照人们的常识判断的话，商业投票中应该不会发生跟猜拳一样的状况；但实际上，会的。现实中的商业投票背后潜藏着“个人偏好不同”的问题。人人喜好各有不同。当今世界正是一个多样化的世界，因此才会出现上述奇怪的问题。

问题8-4 预算分配的决议

股东大会要分配4亿日元的预算。他们提出了三个方案。三位股东A、B、C各自能通过每个方案获得的预算如下表所示。

	A股东	B股东	C股东
①方案	2亿日元	1亿日元	1亿日元
②方案	1亿日元	0日元	3亿日元
③方案	0日元	2亿日元	2亿日元

首先，股东们对①和②两个方案进行投票表决，胜出的方案再和③方案进行表决。表决的顺序无法更改。

A股东应该如何投票呢?

正确答案是A股东在第一轮先投票给②，第二轮也投票给②。最开始在比较①和②的时候，A股东发现，如果他给①投票的话，他就能拿到2亿日元；若给②投票的话，他就能获得1亿日元。

但是如果他投票给了①的话：

A股东：投票给①，目标获得2亿日元。

B股东：投票给①，目标获得1亿日元。

C股东：投票给②，目标获得3亿日元。

这样一来在这一轮方案①会取胜。

但是之后，股东们在对①和③表决的时候：

A股东：投票给①，目标获得2亿日元。

B股东：投票给③，目标获得2亿日元。

C股东：投票给③，目标获得2亿日元。

此时，取胜的会是方案③，A什么都得不到。

为了避免出现这个局面，A在第一轮投票的时候应投票给②。这样一来，方案②就会以2票对1票的优势胜出。接着，在给②和③投票时候：

A股东：投票给②，目标获得1亿日元。

B股东：投票给③，目标获得2亿日元。

C股东：投票给②，目标获得3亿日元。

最后方案②会以2票对1票的优势胜出，A股东会获得1亿日元。比起一无所获，这个结果已经算是好的了。

于是A股东通过“中策”获得了1亿日元。

这时候就可以针对表决顺序变更提出动议了。

问题8-5 表决顺序变更的动议

A股东想要针对表决顺序变更提出动议。

在第一轮，应该对哪两个方案提出动议呢？

在最开始应该对②方案和③方案表决。在这个表决中，

A股东：投票给②，目标获得1亿日元。

B股东：投票给③，目标获得2亿日元

C股东：投票给②，目标获得3亿日元。

因为投票给②方案的股东人数更多，因此②方案会胜出。接下来，对①方案和②方案表决，

A股东：投票给①，目标获得2亿日元。

B股东：投票给①，目标获得1亿日元。

C股东：投票给②，目标获得3亿日元。

如此一来，方案①会最终被采纳，A股东成功获得2亿日元，B股东和C股东各获得1亿日元。

	A股东	B股东	C股东
①方案	2亿日元	1亿日元	1亿日元
②方案	1亿日元	0日元	3亿日元
③方案	0日元	2亿日元	2亿日元

采取以下两种策略就有可能改变投票表决的结果。

（1）给对自己不利的一方投票，引导结果向着利于自己的方向发展。

（2）改变表决顺序，使局势对自己有利。

在提前知道他人会如何投票的情况下，请务必事先做好详尽调查，并制订计划。要在投票表决中逆转局势，预估得票数尤为重要。

3

如何逆转股东大会的投票局势？暗中合作

在需要以投票表决决定结果的地方，总会存在着各种各样的策略。自己与他人都会为了得到更利于己方的结果而动作不断。

在这些策略中，“谈判”“合谋”“拉拢”等方法层出不穷，这些都是合作博弈的手法。

问题8-6 通过合谋，获得胜利

还是上一节的问题，最开始对②和③投票表决。B股东虽然和A股东关系不好，但是足智多谋。于是他和C股东谈判，提出合作的建议，以便让局面朝着对自己和C股东有利的方向发展。

B股东最高能得到多少，最低能得到多少？

答案是他最高能拿到近3亿日元的预算，最低能拿到稍高于1亿日元的预算。

B股东的提议稍微有些复杂，我们来看看B股东是如何提议的：

“你哪怕最开始就给②投票，最后也只能拿到1亿日元哦。”

“原来如此，那我该怎么做？”

“你最开始要给③投票，这样方案③就会被最终采纳，我们可以各得2亿日元。”

“不错。但是我这是帮了你，否则你也就只能得到1亿日元，根本得不到2亿日元。所以你得给我9千万日元，我要最后拿到手2亿9千万日元。”

“提出这么好的建议的人可是我，你得给我9千万日元。通过我的方法你能拿到1亿1千万日元，总比拿到1亿日元要好吧。”

于是就这样，B最多能拿到近3亿日元，最少能拿到1亿多一点。具体能拿到多少，与他和C股东的谈判有关。

	A股东	B股东	C股东
①方案	2亿日元	1亿日元	1亿日元
②方案	1亿日元	0日元	3亿日元
③方案	0日元	2亿日元	2亿日元

哪怕双方合作，他们分配到的金额也是一个范围。这个范围叫作“核心（core）”。

若A股东和C股东合谋，那么谈判会变得更复杂，分配金额的范围也会随之变得更细化。

例子不同，范围也会有所不同。要注意，每一方能拿到多少这种分配问题，是要通过当事者间的谈判结果而决定的，而不是单单通过博弈论就能决定的。

▶ 可怕的投票悖论会带来何种结局

投票悖论能带来更为极端的后果。

给大家举个例子吧，大家会因这个极端的结果而惊讶不已的。

问题8-7 选择最好的套餐

在一家全年无休的公司里，有三个关系很好的人，他们是大田、中田、小田。他们在闲聊自己最喜欢的公司食堂套餐。

公司食堂里有A~G7种套餐。每人对套餐的喜欢顺序如下表所示。

排名	大田	中田	小田
1	A	B	C
2	D	A	B
3	C	E	A
4	B	D	F
5	G	C	E
6	F	G	D
7	E	F	G

因为他们想要选出最好的套餐，于是他们三人决定进行投票表决。先对套餐A和B表决，赢了的那个再和C表决……按照字母顺序，一直比到G。那么哪个套餐会被选为最好的呢？

最后选出来的是在三人心中排名都靠后的套餐G。每个人都按照自己的喜好排名选择：

先是大田：A，中田：B，小田：B。通过投票表决，B胜出。

接着大田：C，中田：B，小田：C。这样一来C会胜出。

这样持续下去的话，排名靠前的套餐会逐渐被排除，最后只剩下F和G比较。

大田：G，中田：G，小田：F。这样投票之后，G会留到最后。

然而看上面的表格，综合看来G是排在最后的一个，然而它却是被选为“最好”的一个。

如果让A和G比较的话，恐怕A会取得压倒性的胜利……请试着做一做。

在这个问题中，若在第一轮投票时中田或小田也投票给A的话，A就能胜到最后。为了避免出现极端的不合理情况，有时候哪怕逆着心意，也要为了整体的利益而做出决断。

第九章 加入市场，争夺市场份额

零和社会中，多个企业会一起争夺安定状态下的市场。市场这张大饼只有一个的时候，各企业会为了如何划分这张大饼而发生争执。当老牌企业争夺大饼时，新加入的小企业处境便相当困难。不过，此时若退缩了，处境会变得难上加难。

本章将围绕加入新市场这个主题，为大家讲解多人博弈。

1

中小企业如何胜过大企业？通过智猪博弈

一般来说，大家都会理所当然地觉得小企业弱，大企业强，但是大企业也有薄弱之处，小企业有时也可以占据上风。

首先，我们先思考大企业有什么弱点，再将它们逐一罗列出来吧。

①企业越大，越会出现“上有令，下不从”的缺点。大企业的内部组织一般而言呈金字塔形，企业越大，层级越多，运转越不灵活。

②企业越大，越会有更多人吃过去成功的老本，而渐渐失去创新精神。大企业在人才培养上会采用“扣分制”，这会让员工越发守成。

③企业越大，越可能在趋近成熟的市场中运营。因此，大企业竞争对手多，获利逐渐减少。

④大企业一般而言擅长做合理的考虑，但有时会因太过信

任这种考虑而招来祸端。

⑤大企业有时会因出现内部腐败而产生道德风险。在日本，尤其是在泡沫经济崩坏后，许多巨头公司因道德问题而瓦解。

除此之外，大企业的缺点还有很多，大家可以自己试着将它们列举出来。经常训练自己着眼于对方的弱点，会对博弈大有帮助。

问题9-1　智猪

有一种博弈被命名为“智猪博弈”。假设你是小猪，对方是大猪，你们同在一个猪圈里。

在猪圈的一侧有个拉杆，推动拉杆，猪圈的另一侧的一角就会送出一定量的饲料。推了拉杆的猪必须要快速跑到猪圈另一侧才能吃到饲料。但是没推拉杆的猪可以候在食槽边，先吃饲料。而且如果小猪推拉杆，那么大猪就会先把饲料吃光，小猪白跑一趟，什么都吃不到。

但是，在大猪推拉杆的时候，小猪的确有优势，不过大猪也可以吃到小猪吃剩的饲料，也不算做了无用功。

而且，如果两只猪一起吃饲料，那么大猪占据有利地位，它吃得更多。

根据利益表，你觉得怎么做，才能获利更多呢?

小猪	大猪	
	推拉杆	食槽边等待
推拉杆	小：1 大：2	小：−1 大：4
食槽边等待	小：2 大：1	小：0 大：0

大猪推拉杆时，小猪占优势。大猪推拉杆、小猪等在食槽边（左侧一列），对小猪更有利。另外，大猪等在食槽边的时候，小猪也选择在食槽边等待更好。请比较一下数字大小，你就会明白了。

从结果上来看，对小猪而言，等待是最优策略。因此，小猪绝对要守在食槽边才行。

但是，如果大猪足够理智，那么它应该将小猪的行动考虑在内。在小猪等在食槽旁边的时候，大猪应该选择推拉杆，因为推了拉杆就能获利1，不推获利就是0。

因此，大猪应该去推拉杆，此时小猪获利2，大猪获利1。

在这个问题里没有悖论的存在。小猪通过利用大猪得到了对它而言最好的结果。

▶ 现实中也有“智猪”存在

在现实中也有类似事情发生，因此，了解利益分配规则十分重要。我们通过一个直观的例子来看一看吧。

假设有一个小型风险企业将要加入互联网行业，提供通信基础设施的是大企业。但是大企业现在处于无效繁忙状态，同时，还受到不可限制流量（可以称之为互联网的中立性）的制约，必须不断平价投资基础设施建设。小企业可以利用像管道工一样的大企业，提高服务品质，并因此获利。

最后，随着“管道工”不断提升通信基础设施的品质，小企业可以轻而易举地提高自己网站的访问量，利益也大多会落入小企业的口袋。这就是“智猪状态”。

但是，如果改变利益分配规则，局势就会逆转，转而对大企业有利。大企业手中握有价格决定权的话，就会对小企业收取高昂的网费，小企业通过电子商务获得的大部分收益都会被大企业吸收。

这个博弈的本质是一场剥削游戏。一般而言，小猪会去推拉杆（即工作），大猪则会吞掉大部分的利益。

小猪和大猪谁更占据优势地位是由利益分配规则决定的。谁能将规则用作己方的最优策略，谁就能胜出。

2

小店如何胜过连锁店？利用连锁店悖论

大型连锁店在各个城市里都有店铺，而各个城市里的小卖店也要加入市场分一杯羹。双方的博弈被称作“连锁店悖论”。

问题9-2 连锁店悖论

既然双方要分的是市场这张大饼，我们就干脆假设连锁店是卖馅饼的吧。

在一个城市里，已经有一家卖馅饼的连锁店存在了。一家小店铺在考虑要不要加入这个市场。对此，大企业可采取的措施有两个：合作和对抗。

下图的博弈树总结了双方在不同的策略选择下的获利情况。如果小店不加入市场，它的获利就是0，连锁店获利为2。但若小店加入市场和连锁店争夺市场份额，连锁店就要做出选择——或是选择合作，与小店瓜分利益；或是通过降价竞争，减少双方获利。

那么，小店该做出怎样的决策？连锁店又应采取怎样的对策？

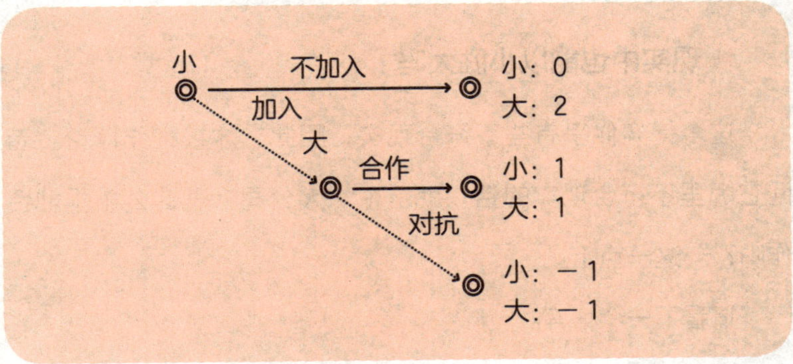

小店应该加入市场，这样的话连锁店会与之合作。小店可以进行预判，推测出如果自家店铺加入市场，连锁店会采取怎样的行动。

大型连锁店如果选择合作，便会获利1；若选择对抗，则损失1。比起与小店降价竞争，与之合作才是上上之选。

小店预判出自己加入市场的话获利1，不加入的话获利0。因此它应该选择加入市场，而大型连锁店此时也不得不选择向它妥协。

在这个博弈中，对于大型连锁店来说，合作是占优策略，而这是针对小店加入的占优策略而言的，因此小店应该选择加入市场，而且在各个城市中类似的博弈都在上演。最后，理论上来说，连锁店会损失惨重。

▶ 现实中也能以小胜大吗

这个博弈似乎有些不符合现实，因此它才被称作悖论。若问它哪里不符合现实的话，就是在“大公司会就这么乖乖地合作吗？”这一点上。

请看下一个博弈。

问题9-3 大公司的逆袭

请思考一下在连锁店悖论里，大公司的逆袭方案。

将这个博弈以表格的形式罗列出来的话，表格如下：

小公司	大公司	
	合作	对抗
维持现状	小：0 大：2	小：0 大：2
加入市场	小：1 大：1	小：−1 大：−1

大型连锁店可以采取的策略是，先声明“如果你要加入市场，我就攻击你”。这样一来局势就对它更有利了。

这是在问题5-4“下一代产品的开发策略”里使用过的威胁策略。如果你解开了这个问题，那么你就已经是博弈论的中上级玩家了。

只要大公司先威胁对方，小店就只能在表的右面一列选择。这样一来，小店会选择获利为0的维持现状，大公司则能收获最佳结果，获得最大利益2。

这种现象的产生原因是，“加入一对抗”这个格子并非双方的平衡点，而是某一方的不完全平衡点。此时就可以通过威胁等策略，打破平衡。

同时，在这里重要的是预判对方动作的能力。

大家万不可看过连锁店悖论的获利表和博弈树后，就简单地觉得不占优的一方一定能赢，因为这种悖论是不符合现实的。

一般来说，大公司会采取如下策略：

①首先，在某个小店想要加入某个城市的市场时，采取对抗策略，将小店彻底击溃。

②将小店被击溃的信息传递到其他城市里。

③最后，在所有城市里都没有小店选择和大公司对抗了。

这就是信息效应。大公司只需要在某个城市付出作战的代价，在其他城市里，它就会获得全面胜利。

▶ 即便如此，也要和大企业一决高下之时该如何做

即便如此，想要分走大公司一杯羹，依旧有方法。那就是“鲫鱼[①]模式”。

假设在某个城市里有一家大型连锁超市，于是有很多小店的客人被分走了，蒙受了损失。

但是小店也可以利用这个连锁店的“引客力”，提高自己的销售额。

最典型的方案就是将店开在连锁店旁边，但是店里不要卖和超市里差不多的东西。

这家大连锁店会为了引客而不断发广告，这会花很多钱。小店可以借此机会，免费得到大连锁店吸引来的客人。

于是，由于大连锁店吸引到了很多客人，小店也可以通过

---

① 鲫鱼：头部背面有一个由背鳍变形、呈长圆形的吸盘，常用吸盘吸在其他大鱼身体下面或船底下。

“鲫鱼模式”，借大连锁店的光，吸引到没能从大连锁店买到想要的东西的少部分客人，也能获得不小的利益。

大公司对自己的引客力很了解，因此它们会将自己的建筑物建得很大，将里面的店铺租给小店使用。这是大公司常采用的策略。

于是，小店租用了大公司的店铺，大公司虽然会承担小店的一部分广告费，但也能收到租金。

大公司的该策略比起单纯的“鲫鱼模式”，让双方的合作关系更进了一步。大公司的这种做法能加深双方的合作，达到双赢。

大家请看，我们在思考这个连锁店悖论的基础例题时，就用了如此多的博弈策略。

可见，要在博弈中胜出，单单阅读教科书是不够的。我们必须亲自参加博弈，主动寻找破解之策，才能让自己的能力得到提升。

3

在竞争激烈的业界，小企业如何取胜？让大企业彼此竞争，最后坐收渔翁之利

小企业在新加入某个市场之时，除了要考虑“小企业vs大企业”的情况之外，也可以思考自己如何坐收渔翁之利。也就是说，小企业可以设计让博弈变为“大企业vs大企业”的博弈——让大企业彼此争夺，而自己趁机将市场份额分走。

大企业经常在成熟市场里经营，而且它们对手众多，利益低下。正因如此，小企业才有可能以小胜大。

问题9-4 通过核心竞争力，掌握价格决定权

假设你的公司开发出了别的公司无法模仿的、具有核心竞争力的产品。

此时，有A、B两家大公司都需要这个产品。它们彼此是竞争关系。

双方都说“这个产品我每年需要一万个”。

你会不会立刻着手准备每年两万个的生产线呢？

最好不要立刻着手准备。大家还记得在问题7—2里提到的“左右脚鞋子游戏”吗？如果其他匠人需要多少右脚鞋，右脚鞋匠人就制作多少右脚鞋，右脚鞋匠人的鞋子就会被杀价购买；但如果右脚鞋的数量少，右脚鞋匠人就有可能通过谈判获得最大利益。这个问题和问题7—2一样，因为A、B两家公司是竞争关系，所以尽管让它们去竞争好了。生产线导入的时候还是小心为上。

当然，在实际的商业领域，谈判桌上的“鞋子游戏”要更为复杂。哪怕是在谈判开始之后，你也可能忽然陷入不利地位。

假设说，你的公司好不容易凑钱导入了每年生产18000个的生产线，但B公司突然开发了新技术，不再需要你的公司的产品了。

在这种令人手足无措的情况下，A公司来了，说：

“以后产品价格给我打八折吧，毕竟除了我，你也不会和别的公司交易了。”

这样一来，你就基本上没什么谈判的筹码了。你投资了生产设备，新雇了工作人员，公司的日常运营成本也会提高，公司的负担会更重。但如果你不开工，你就没法维持这些设备和工作人员。一般来说，对手公司就是看穿了这一点才来谈判的。

哪怕你依旧和B公司保持交易，一旦你导入了新设备，一般来说也就不得不和对方进行价格谈判博弈，在市场成熟的情况下更是如此。而且导入新设备的话，你会因未曾考虑到对方会忽然停止谈判而被认为预判能力不足。对你而言，这在谈判中尤为不利。

然而，当公司本身具有竞争力时，可以选择和大公司建立合作关系。你可以如此提议：

“我公司有着能够持续开发新技术的能力。对贵公司而言，比起削弱它，缔结促进它成长的合作关系会更有利吧。”

这样，你们就能够长期合作了。只要你的公司有着优秀的人才，就能和大企业为伍，在业界存活下去。

▶ 让他人竞争，局势会对己方有利

让他人去竞争是非常好用的策略。这是美人们经常使用的策略。她们可以通过让A和B竞争而得到更多礼物，自己也可以被捧在手心里宠，还能让自己提出的要求更容易被满足。只要拥有美貌这个核心竞争力，这个策略就可以通用。

职业棒球选手的自由球员制度也是强强竞争的典型实例。在1975年，美国法院将FA制制度化，结果职业棒球选手们的年薪大幅提升，因为各个球团之间为了吸引队员，开始竞争签约费。

第十章
博弈道德

博弈论研究者将研究重点更多地放在博弈论作为道德哲学的一面上。他们认为，就像是用剑高手的想法最终会和信教者靠拢，博弈论也能给使用者带来同样的影响。

本书在最后将引领大家思考博弈与道德，即“胜败”与“道德”的关系。如果大家对这个问题理解不够，便会很难在博弈论上有所成就。

1

只考虑赢就可以吗？博弈中需要哲学和逻辑

道德是和博弈紧密相关的主题。许多获得诺贝尔经济学奖的学者都从道德方面着眼，展开了对博弈论的道德哲学一面的研究。和约翰·纳什一同在1994年获得了诺贝尔经济学奖的学者约翰·哈桑尼和莱茵哈德·泽尔腾就是如此。

哈桑尼和泽尔腾发展了纳什平衡点理论。这个理论的背景是非合作博弈，因此很容易与道德问题发生关联。

哈桑尼的道德哲学十分有名。他发展了**在最小最大原理中，道德原理无法得到实现**的理论。他生于匈牙利，后去美国留学，拜在肯尼斯·阿罗门下——提出了投票悖论的那一位。据说阿罗对他有着很高的评价：“你十分优秀，我已经教无可教。”

许多博弈论讲解书籍至多就介绍了囚徒困境，而且讲解部分大同小异，互相引用。博弈论要求博弈者具有大局观和广泛的知识面。这些对博弈论的理解如此浅薄的书，又如何能培养出优秀的博弈达人？

问题10-1　虐待症效果

A是好施虐者，但B不是好受虐者。假设世界上只有他们二人。两人最初始的利益状态是1和2，但是A拷问B后，A的利益状态上升到了3。

然而由于B并非好受虐者，因此在被拷问的时候他的利益状态不会上升，只是由于他非常能忍，因此他的利益状态仅仅下降到了1就停止了。

在拷问开始之前，全社会的利益状态是1+2=3。

在拷问开始之后，全社会的利益状态是3+1=4。

那么是不是拷问开始后的社会才是更好的社会？

	A	B
A拷问B之前的利益状态	1	2
A拷问B之后的利益状态	3	1

不是。我们应该通过不同的比较方法，去比较拷问开始前和开始后的社会哪个更好。如果我们的比较方法是不对的，得出的结论就也是不对的。在第八章的投票悖论里也提过类似的例子，人们有时候会被引导着得到错误的结论。

针对这个问题，为什么人们会觉得只把A和B的利益相加就行了呢？哈桑尼认为，在好施虐者和恶意等要素存在的时候，不能功利地只进行利益计算。

▶ 围绕不良债权处理的争论

很多情况下，当二者选一的时候，人们难以立刻做出决断。比如在泡沫经济崩溃后，日本国内经济局势艰难，日本政府决定购买日本银行的不良债权。这样一来，银行的资产变得健全了，对国家也有利。但是如果为了达到这个目的，就将国民缴纳的税款用在购买不良债权上，国民就会蒙受巨大损失。

如果政府购买不良债权，银行的利益会上升到3，国民的利益会下降到1。此时全社会的利益状态究竟是多少，和上题一样，不能轻易判断。

在现代社会，人们越来越难以决定怎么做才能得到好结果。人们立场不同，利害观和价值观也各有不同。

正因为当今时代是多样化时代，因此哪怕人们立场各不相同，也必须要对适用于不同条件下的理论、多样化时代存在的各种问题等加以思考。

因此，那些和博弈论相关的诺贝尔奖或许只会颁给那些直面当今这多样化社会的学者们吧。

2

在博弈中胜出，便是战胜了对手吗？举动符合道义，事态进展会更为顺利

在第四章最开始时笔者曾引用过马基雅弗利的话：“战争在你愿意时开始，却并不在你乐意时结束。”并曾就囚徒困境进行过讲解。

你随时可以用背叛策略，但对方也会背叛回来，所以使用这个策略有让你自身陷入背叛与被背叛的无限循环中。

最后，这个博弈或许久久不能结束，结果双方都损失惨重，陷入了懦夫博弈的状态。

博弈论的目的并非只是让你获胜。它也并非只是重视如何让你不败。它的作用是提前发现哪里有一旦踏入就无法脱身的泥潭、深渊，并让你避免陷入绝境。

最糟糕的深渊就是灭绝人类的最后一战吧。如果最后一战突然开始，那么那些只注重眼前利益的博弈就不值一提了。

自由主义社会的基本观念是“只要大家都做利己者，都只考虑自己的利益，经济形势就会平稳发展”。

但是有的时候只有人们的举动符合道义，事态进展才会更为顺利。社会也好，个人也罢，都要把以上两点综合起来考虑才行。

我们已经知道，很多问题用纳什平衡无法解决。许多研究者也表示，帕累托最优在投票悖论问题上的表现不尽如人意。简单来说就是，很多矛盾是不能单用那些乍一看很合理的想法解决的。

很多人想着，哪怕不能胜过对方，至少要追求公平。这是全民平等精神的表现。当公平无法被保证，纠纷就会很容易被挑起。何况，什么是公平呢？这个问题真的很难回答。

诺贝尔经济学奖获奖者阿马蒂亚·森写了一个以孩子们的世界为背景的笑话。我们将它变成智力题形式，一起来看看吧。

问题10-2 选哪个

有一大一小两个苹果。

少年A拿了大的那个。少年B提出异议，他说：

“你这样做不公平。”

然后少年A问B：

“如果是你的话，你会选哪个？”

少年B想了一会儿。如果他回答“大的那个”的话，少年A就会说“那不就得了”，那就糟了。于是，他回答：

“当然是小的那个。”

听了这话，少年A得意地笑了。为什么呢？

少年A说：“那你的愿望这不就成真了吗。”

“如果是你的话，你会选哪个”，这个问题本身就是少年A挖的一个坑。在这种情况下，双方争辩的时候，一方可以通过与对方交换立场，给对方挖坑。如果对方考虑不深，单单做大小苹果二选一的选择就会掉进坑里。不管怎么选，被问的一方都处于不利地位。

被问的一方应该这样说：

“把两个苹果都切成一半，我们平分。”

于是提问的一方可以说：“那么你来切，我来选。”

这样一来，问题就变为5-1的那个切蛋糕的问题了。通过序贯博弈，双方可以做出更利于自己的选择。

“那你来切。”

“用猜拳决定谁切吧。”

如果双方能谈到这一步，就能一定程度上保证公平了吧。

▶ 成功的原则并不一定是胜利

但是哪怕通过猜拳决定了谁来切谁来选，恐怕输的一方还是某种程度上会觉得不公平，甚至有时候双方都会觉得“不公平，我亏了”。人就是这样的生物。

只有在“我100，对方120”这种对方占据明显优势的时候，对方才会觉得公平。

有时候成功的原则反而是“给对方的比给自己的多一点儿”。

同时，请不要期待回报。只有非常小部分的人，会在自己得到了更多的东西时候考虑给对方回报。

虽然你每次得到的都比对方少一点儿，但请遵循理性精神，同时请务必将“合理即不合理”为特征的博弈论提示过的最糟糕的情况牢记在心。

在日常生活中也要偶尔用用博弈原理。说不定你能比起以前更善于谈判，更能理解他人的行动意图。这些都是你的宝贵财富。